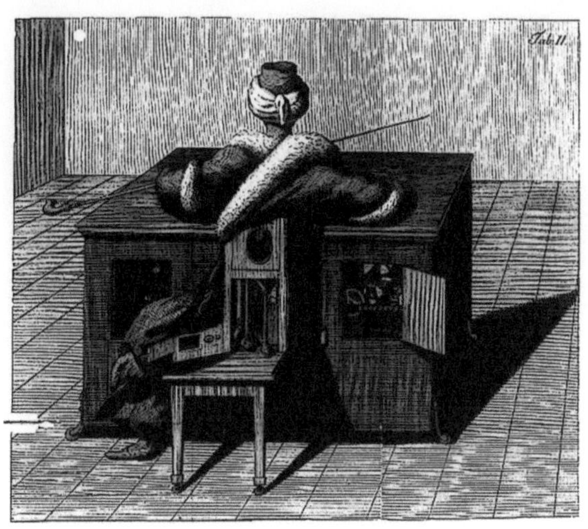
Tab. II.

VOM UNTERAUFTRAG
ODER: PRINZIPIEN DES POETISCHEN RECHTS

Nick Thurston

Vorwort → McKenzie Wark

Nachwort → Darren Wershler

FROHMANN/OXOA

*Sie haben sich dafür entschieden, KEINE Meister zu ver-
wenden. Wir empfehlen Ihnen dringend, Master zu ver-
wenden, da diese Mitarbeiter bei der Durchführung einer
Vielzahl von HITs Genauigkeit bewiesen haben. Bist du
dir sicher, dass du weitermachen willst?*

MTURK → 2013

INHALT

VERDIENE GELD,
INDEM DU DEINE GEDANKEN
SCHREIBST

»DIE POESIE DER ERDE ist niemals tot«, schrieb John Keats (1816), und tatsächlich ist es die Natur – die Poesie der Erde –, die Schönheit in unser Leben bringt; das drängt uns, unsere Pläne zu ändern; das beeinflusst unsere Stimmungen. Die Poesie entzündet einen Himmel bei Sonnenuntergang, verwandelt eine vertraute Landschaft auf magische Weise in ein schneeweißes Wunderland und druckt einen Narzissenbüschel mit dem Schein weichen Sonnenlichts. Poesie ist wirklich ein wesentlicher Bestandteil unseres Lebens. Es ist keine Überraschung, dass Dichter immer über den Charme und die Härte der Liebe und über zynische Veränderungen in der natürlichen Welt um uns herum geschrieben haben. Nick Thurstons *Of the Subcontract* ist eine neue Sammlung eindrucksvoller Gedichte. Die Gedichte in diesem Buch erfassen die Stimmungen der Natur sowie Gefühle von Majestät, Liebe und Emotionen. Sie wecken Erinnerungen und Träume, Traurigkeit und Lachen. *Of the Subcontract* ist eine Feier der wechselnden Jahreszeiten und der Schönheit der Liebe, die überall ist.

Poesie hat eine große Kraft, das Herz zu berühren. Primitive und wesentliche Dinge, wie ein Mann, der mit seinem Kind ein Feld pflügt, oder eine junge Mutter oder ein Mädchen, das in einer dunklen Nacht einen Krug aus einer Quelle oder ein Licht aus einer einsamen Hütte füllt, sind die besten Themen für Dichter und Maler. Streng genommen sind sie nicht so alt wie Hügel, aber sie sind bedeutender und beredter als Hügel. Themen wie Natur, Liebe, Zuneigung werden von Dichtern interessant gemacht. In den Versen des Dichters in diesem Buch ist Schmerz zu bemerken; Ein Anflug von Trauer wie das Flüstern des Windes warnt davor, dass Momente der Freude die kürzesten aller Jahreszeiten sind. Wie die Jugend sind diese Gedichte so voller Leben, so wild und stürmisch, so laut und verwirrt und doch so süß, so lieblich – und wie Freude sind sie zu früh verschwunden.

Die englische Poesie ist voller Trübsinn, Schmerz, Liebe und Ausdruck des Selbstwertgefühls. Keats, John Milton, William Wordsworth, Percy Bysshe Shelley und andere große Namen wählten alle dieselben Themen aus. Themen sind immer gleich, aber die Wörter ändern sich. Ich erinnere mich, wie schön die Idee der Liebe von Shelley in seinem Gedicht *Love's Philosophy* (1819) dargestellt wurde:

> Seht, die Berge küssen den Himmel,
> Und die Wellen umklammern sich;
> Keine Schwesterblume konnte vergeben werden
> Wenn es seinen Bruder verachtete.

Und wie wunderbar William Blake in seinem Gedicht *Der Garten der Liebe* (1794) Worte benutzte:

Liebe sucht nur das Selbst, um zu gefallen,
Um einen anderen an seine Freude zu binden:
Freut sich über einen weiteren Verlust der Leichtigkeit,
Und baut trotz allem eine Hölle im Himmel.

Of the Subcontract ist eine erstaunliche Arbeit der Jugend und Energie. Selbstwertgefühl, Geständnis, Liebe, Natur und Schmerz sind einige der Themen, die von ihnen verwendet werden. Dies sind überhaupt keine neuen Ideen, aber die Art und Weise, wie sie von den jungen Seelen präsentiert werden, ist unbeschreiblich. Liebe ist Leben für die Seele – Liebe ist tief, laut und von Ernsthaftigkeit durchdrungen. Schmerz und Liebe gehen zusammen durch das Leben, Arm in Arm, die ganze Zeit, die ganze Zeit, die ganze Zeit. Sobald wir lieben, können wir leben. Wir alle benutzen die Wörter, aber nur sehr wenige von uns kennen die Kunst, mit den Wörtern zu spielen. Dichter sind die Gesegneten; Menschen, die mehr als die Wörter sprechen und ausdrücken können, was wir sagen möchten, aber keine geeigneten Wörter dafür finden.

Ich liebe diese Welt (§1; S. 21-22) ist ein wunderbares Gedicht. Der Dichter lobt Gott dafür, dass er ihn in die bezaubernde Welt geschickt hat. Die Natur ist so verlockend und zieht die Aufmerksamkeit des Dichters auf sich. Die Auswahl der Wörter und das Reimschema des Gedichts sind unbeschreiblich. Der Dichter hat seine Vorstellungskraft voll ausgenutzt. Die Versuchungen der Welt sind so verlockend. Für seine bemerkenswerte Leistung erhielt er zwei US-Cent. Der Dichter beginnt den Schlussabschnitt seines Gedichts mit folgenden Zeilen:

Oh Gott, wie großartig du bist.
Du hast all das für mich geschaffen.
Dass ich für deine Gnade dankbar bin
Das macht mich freudig und erfolgreich.

Ideen von Dichtern lassen sich am besten mit Worten ausdrücken; Worte spielen Wunder. Die Leser dieses Buches werden sicherlich die Auswahl der hier verwendeten Wörter genießen. Es gibt eine Art Harmonie zwischen den Texten. Die musikalische Wirkung der Worte ist unbeschreiblich. »Ich bin von Träumen erschöpft«, schreibt der Dichter denkwürdigerweise über seine jugendlichen Träume. »Ein verwitterter Marmor-Triton / Unter den Bächen; / Und den ganzen Tag schaue ich / Auf die Schönheit dieser Dame »(§1; S. 36) ist ein weiteres Beispiel des Dichters, der wunderschön Symbolik verwendet. Dieses Gedicht, *Dreaming of Dreams*, ist zweifellos ein wunderschönes Kunstwerk. Die Leser des Buches werden dieses traumhafte Gedicht genießen. Es wird ihre Herzen mit unsterblicher Liebe füllen. Die Aussage »Ich bin von Träumen erschöpft« veranlasst die Leser, die gesamte Idee zu visualisieren.

Diejenigen, die Poesie lieben, sind sensible Menschen; Sie lieben den Begriff der Liebe. Schönheit zieht sie an. Die Melodie der Natur hallt durch den Ton. Die Wunder der wechselnden Jahreszeiten und der natürlichen Schönheit sind überall. Wenn Sie einige der Gedichte lesen, werden Sie das Gefühl haben, dass Wordsworths Geist immer noch da ist.

Einsamkeit erlaubt uns zu meditieren. Es gibt uns die Möglichkeit, uns zu verbessern und über die Fehler nachzudenken, die wir möglicherweise begangen haben. Manchmal wollen wir als Menschen vor dieser Welt der Grausamkeiten fliehen und

Zuflucht in der Einsamkeit suchen. Diese Idee wird in diesem Buch durch das Gedicht *Solitude* (§2; S. 50) vorgestellt. Der Dichter erhielt 0,26 Dollar für sein Bestreben. Die Mischung aus menschlicher Emotion und Liebe zur Natur hat die Form eines Gedichts angenommen. Ich mag dieses Gedicht:

> In den Armen der Natur
> Ich lachte und weinte
> Mit niemandem, der mich aufhält.
> In den Armen der Natur
> Einsamkeit fand ich,
> Einsamkeit habe ich hier gefunden.

In der Einsamkeit genießt der Dichter Objekte der Natur. Die Einsamkeit gibt ihm die Möglichkeit, die Schönheit zu schätzen und seine Zeit mit Bäumen und Vögeln zu genießen. Die Natur selbst ist sehr verlockend. Es kann jedes Herz fangen. Deshalb haben die alten Dichter, die wir klassische Dichter nennen, viel über die Natur geschrieben.

> Ich kann die Bäume schwanken sehen
> Ich kann die Blätter rascheln hören
> Ich kann den Strom tanzen hören
> Zur Musik in meinem Herzen,
> Einsamkeit ist das, was ich suche.

Lord (§2; S. 62, 63, 64) ist ein weiteres Kunstwerk. Der Glaube an Gott ist eine Stärke des Dichters. Die Idee des Gedichts ist es, den Leser davon zu überzeugen, dass es sinnlos ist, hier nach Gott zu suchen. Er lebt jedoch in uns. Auch hier ist die

Wortwahl und das Reimschema am bemerkenswertesten. Der Dichter brauchte sehr wenig Zeit, um dieses Gedicht zu produzieren, und er erhielt 0,38 Dollar für seine Ideen. Das Wesen des Gedichts kommt in den letzten Zeilen zum Ausdruck:

> Suche nicht nach dem Herrn um dich herum.
> Er ist der einzige, der in dir wohnt,
> Suchen Sie also den Herrn in sich und gewinnen Sie immer.

Einige Seiten dieses Buches sprechen von den Ideen der Dichter. Sie sind direkte Ideen. Sie kommen von Herzen und schlagen dich in den Bauch. *Über mich* (§2; S. 69) ist eine weitere Perle von Thurstons Buch. Es ist ein bisschen kindisch, aber es scheint, als würde der Dichter mit Worten spielen. Die Auswahl der Wörter ist sehr einfach und beschreibt beispielsweise Farbe, Himmel, Mutter, Vater, Tier und Vögel. Wie einfach die Worte sind und wie tief das Thema des Gedichts ist. Der Dichter dachte viel nach, bevor er dieses Gedicht für sein Buch in Betracht zog. Einige seiner Freunde sagten ihm, dass das Gedicht etwas kindisch sei und die Schönheit seines Buches beeinträchtigen würde, aber er liebte das Gedicht einfach. Thurston gab dem Dichter 0,40 Dollar für das Schreiben dieses Gedichts in seinem Namen. Es ist wie ein Kindertraum. Ich hoffe auch, dass es in vollen Zügen genossen wird:

> Ich bin frech aber schüchtern,
> Und ich mag Sterne am Himmel.
> ...
> Um mich Tag und Nacht glücklich zu machen.

Ich möchte Arzt werden,
Und allen Menschen helfen.

Der letzte Tag (§3; S. 89) erinnert mich an mein Kindheitsgedicht *Let Let Come Come*. Als ich *The Last Day* las, genoss ich das, was die Leute Nostalgie nennen. Man könnte sagen, dass ich eine Art Assoziation mit diesem Gedicht entwickelt habe, da es mich in meine Kindheit zurückversetzt hat. Am letzten Tag lebt der Dichter seinen letzten Tag. Finsternis und Pathos bestimmen die Atmosphäre des Gedichts:

Dies war der letzte Tag für mich zu leben.
Nichts mehr zu nehmen, nichts mehr zu geben.
Alles was übrig blieb war dieser dürftige Tag.
Das ist kaum fair, könnte man sagen.

Es ist wahr, dass nichts grausamer ist als die Zeit selbst. Die Zeit hört nicht einmal für den Tod auf. Es bewegt sich weiter; nichts kann die Zeit aufhalten. Die Idee wird von talentierten Dichtern der Moderne wunderschön präsentiert. Dieses Gedicht drückt die tiefen Gedanken des Dichters aus. Der Dichter erhielt 0,60 Dollar für seine tiefen und bedeutungsvollen Ideen. Das Gedicht endet mit einer sehr berührenden Bemerkung: »Wir erkennen an, dass das Leben unser letzter Tag ist«.

Es gab kein Ich (§3; S. 96) ist ein trauriges Gedicht eines sehr guten Dichters. Für die schönen Zeilen, die er in sehr kurzer Zeit für dieses Buch produzierte, erhielt er 0,67 USD. Ich bin mir nicht sicher, ob ich dieses Gedicht als Beschwerde des Dichters nehme oder nicht, aber wie auch immer es gemeint war, es ist großartig. Die vereinfachte Verwendung von Wörtern und das atemberaubende Reimschema sind die Besonderheit des Gedichts. Es wird sicherlich Ihre Aufmerksamkeit erregen.

Ein Vorwort für ein Gedichtband zu schreiben war schon immer mein Traum, da ich immer wusste, dass die Sprache der Poesie die Seele direkt trifft. Poesie ist die Stimme der Herzen. Worte sprechen beredter als alles andere. Sie haben die Macht, Herzen zu gewinnen und Seelen zu berühren. Wenn Wörter in Form von Gedichten ausgedrückt werden, werden sie ewig. In *Of the Subcontract* haben die Dichter Gedichte aller Stimmungen und Stile präsentiert – dies ist eine neue Sammlung eindrucksvoller Gedichte in jeder Hinsicht. *Ein Wort für einen gebrochenen Mund* (§4; S. 125) handelt von der Notlage eines Liebhabers, der möchte, dass ihr Geliebter ihr versichert, dass er sie liebt – dass er durch dick und dünn für sie da sein wird und dass er es sein wird für sie in allen vier Jahreszeiten da. Die Stimme im Gedicht ist traurig; sie will alles hören. Aber *ein Wort für einen gebrochenen Mund* wird uns sicherlich alle berühren, da es eine Geschichte über jedes von Liebe geplagte Herz ist.

Ich habe viele Bücher in meinem Leben geschrieben und möchte den Menschen helfen, diese Erfahrung zu teilen. Ich glaube, dass in jedem ein großartiger Schriftsteller steckt. Die freiberufliche Arbeit hat mir die Möglichkeit gegeben, die Konzepte, Ideen und Geschichten anderer so zu schreiben, wie sie schreiben möchten, aber nicht. Für andere Leute zu schreiben macht großen Spaß und das macht mir immer Spaß. Diese Art von Vertrag wird mit jedem Tag beliebter. Die Leute stellen anderes Personal ein, um ihre Bücher zu schreiben, nicht nur, weil es in Mode ist, sondern sie haben auch etwas Besonderes zu sagen, aber sie haben keine Zeit, dies auszudrücken. Englisch ist eine Sprache der damaligen Herrscher. Es ist die Sprache des Ausdrucks. Ich habe immer das Gefühl, mich besser als jede andere Sprache auf Englisch ausdrücken zu können. Es gibt einen großen Wortschatz auf Englisch, der ausreicht, um meine Ideen auf großartige Weise umzusetzen.

»Sag es für mich. / Sag, dass du mich liebst. / Now »(§4; S. 125). Die Liebe und Wärme, die wir von unseren Familien erhalten, kommt im Gedicht *Heim und Familie* (§4; S. 122) wunderbar zum Ausdruck. Es ist ein weiteres Gedicht eines sehr talentierten Dichters, der in sehr kurzer Zeit für dieses Buch schrieb. Der Dichter zahlte weniger als einen Dollar für die Zeit dieses Schriftstellers und die Ideen, die er mit uns teilte. Seine unvergleichlichen Ideen wurden wie folgt präsentiert:

> Ich sehe Teile meines Herzens
> Auf dem Boden, Couch und Stuhl.
> Einige sitzen, andere liegen,
> Einige spielen dort drüben.

Familienmitglieder sind Stücke des Herzens des Dichters; mit jedem so nah bei ihm, dass er sie als Herzschlag betrachtet. Die Menschen geben uns Befriedigung, Liebe, Trost und unsterbliche Energie, um die Chancen des Lebens zu bekämpfen. Ich frage mich, wie schön er seine Ideen ausgedrückt hat. Träume sind das Kapital des Lebens. Träume retten uns vor dem Sterben. Aber wenn du deinen Traum verloren hättest, wie würdest du dich fühlen?

Kein Schriftsteller ist ausdrucksvoller als Wordsworth, Keats oder Milton. Wörter effektiv zu verwenden ist eine Kunst, und ich habe das Talent beobachtet, in den Werken des ehrenwerten Dichters dieses Buches mit Wörtern zu spielen. Ich schätze seine Arbeit und hoffe, dass unsere Leser das Buch auch lieben werden. *Unser Stern* (§3; S. 98) spricht nicht von den Planeten und Sternen am Himmel, sondern von der Geliebten des Dichters. Sein Geliebter ist für ihn nicht weniger als ein Stern. Sie gibt ihm Licht und erfüllt sein Herz mit ewigem Glück: »Du bist der leuchtende Stern meines Lebens«.

Dieses Buch hat alle Geschmacksrichtungen, die Leser probieren möchten. Von der Natur zur Liebe wurde jedes Thema in *Of the Subcontract* besprochen. Es ist ein kleines Bestreben meiner Seite, modernen Lesern den Geschmack und Geruch der Natur der Poesie näher zu bringen. Eine lange Art von Natur ist das Hauptthema der Gedichte. Von Wordsworth bis Keats hat jeder Dichter sein Bestes versucht, um die Liebe zur Natur in den Herzen der Leser zu wecken. Heutzutage wurden die Themen jedoch geändert. Die Leute lesen lieber über Computer, Informationstechnologie und Liebe. In diesem Buch versuchte Thurston, naturbezogene Gedichte stärker in den Vordergrund zu rücken. Zum Beispiel:

> Ein Vogel im Kampf ist ein wunderschöner Anblick
> Es werden unzählige Arten erzählt
> Der Vogelbeobachter entdeckt einen im Busch
> Der Kolibri befreit sich und fliegt in der Dämmerung
> davon.

In diesem Gedicht, *Ein Vogel im Flug* (§3; S. 81), ist der Gebrauch der Vorstellungskraft auf dem Höhepunkt. Was für eine Idee und wie schön sie von einem jungen Dichter ausgedrückt wurde.

Heute ist es wichtig, Geld zu verdienen. Freiberufler können so viel verdienen, wie sie möchten, indem sie über Peer-to-Peer-Arbeitskräftepooling-Programme für Websites schreiben. Pooling-Programme helfen Schriftstellern nicht nur, gut zu verdienen, sondern geben ihnen auch die Möglichkeit, sich an ihren Gefühlen zu erfreuen. Sterben wie eine unbewunderte Schönheit ist überhaupt keine einladende Idee. Wir wollen beliebt sein, wir wollen von allen geschätzt werden und wir wollen für unsere Besonderheiten bekannt sein. Ist es nicht großartig, dass Sie die Möglichkeit haben, sich kostenlos auszudrücken? Ist es nicht eine großartige Idee, dass Sie Geld verdienen können, indem Sie einfach Ihre Gedanken schreiben? Natürlich ist es eine großartige Idee. Geld verdienen ist nicht unerreichbar. Freiberufler haben zu diesem Buch beigetragen und wurden dafür bezahlt. Es ist eine großartige Idee, und wir müssen alle potenziellen Dichter schätzen, die um uns herum sind. die schreiben wollen, aber keine Ahnung haben, wo sie ihre Arbeit einreichen können.

Eine meiner bemerkenswerten Arbeiten ist *The Beach Beneath the Street*, veröffentlicht 2011 von Verso Books. Das Ziel meines Buches war es, ein politisches Erwachen durch einen genaueren Blick auf das vernachlässigte Erbe einer Bewegung zu wecken, deren Mitglieder bestenfalls böhmisch und im schlimmsten Fall kriminell waren und deren Ziel es war, die Welt unverfroren zu verändern. Meine Erzählung folgt dieser Gruppe von ihren Wurzeln in den Kellerbars von Saint-Germaine in den 1940er Jahren über zwanzig turbulente Jahre der Vertreibungen und zerbrechenden Fraktionen bis zu einer Zeit, in der sich alles kurz um den Zusammenhang einer Situation drehte: Mai 1968. Das Buch ist weniger stilisiert als ein Großteil meiner jüngsten Ausgabe, aber sehr angenehm zu lesen.

Ein Hacker-Manifest (Cambridge: Harvard University Press, 2004) ist ein bemerkenswertes und schönes Buch, das ich geschrieben habe. Es geht um die Tatsache, dass wir in einem Zeitalter der Information leben und dass es schrecklich ist, wohin wir gehen. Es wird auch auf das eingegangen, was als »Vektorklasse« bezeichnet wird. d.h. die Eigentümer der Vektoren, die den Informationsfluss steuern. Sie verwenden die »Hacker-Klasse«, um Informationen durch Eigentum in Waren umzuwandeln. Jacques Derrida sprach sich gegen die »Informatisierung« der Sprache aus, die Sprache und Kultur von einem sicheren Reservat in eine Ressource verwandelte, die für äußere Zwecke genutzt werden kann. Bei der Kontrolle dieser Ressource spielt sich die Spannung zwischen der Hacker-Klasse und der Vektor-Klasse ab. Dieses Buch hat allgemeine Popularität erlangt.

Einige der Zeilen aus dem Kapitel »Der Strom der Geschichte« von *Der Strand unter der Straße* sind:

> In einer gefeierten Passage erweitert [Comte de] Lautréamont seine unverwechselbare Poetik: »Plagiat ist notwendig. Fortschritt impliziert es. Es erfasst den Satz eines Autors genau, verwendet seine Ausdrücke, löscht eine falsche Idee und ersetzt sie durch die richtige. Um gut gemacht zu sein, erfordert eine Maxime keine Korrektur. Es erfordert Entwicklung. « Es ist eine Passage, die oft als etwas über Poetik und weniger als etwas über Geschichte verstanden wird. Lautréamont verbindet sich nicht zurück zu einer verlorenen Reinheit oder einer idealen Form, sondern vorwärts – zu einer neuen Möglichkeit.

Der erste Abschnitt meines Buches, *A Hacker Manifesto*, ist ebenfalls sehr beeindruckend. Dies sind einige Eröffnungszeilen:

> Alle Klassen fürchten diese unerbittliche Abstraktion der Welt, von der ihr Vermögen noch abhängt. Alle Klassen bis auf eine: die Hacker-Klasse. Wir sind die Hacker der Abstraktion. Wir produzieren neue Konzepte, neue Wahrnehmungen, neue Empfindungen, gehackt aus Rohdaten. Welchen Code wir auch hacken, sei es Programmiersprache, poetische Sprache, Mathematik oder Musik, Kurven oder Farben, wir sind die Abstraktoren neuer Welten.

Of the Subcontract fängt die Stimmungen und Majestät der Natur im 21. Jahrhundert ein. Die Poesie gibt uns die Richtung vor, wie wir die Wahrheit des Lebens fühlen können. Poesie ist eine Waffe, mit der Seelen inspiriert werden. Es ist die Stimme der Herzen, und nur Herzen können ihre Sprache verstehen. Die Leser dieses Buches werden die Schönheit der Poesie schätzen. Ich hoffe, meine Leser werden die Melodie von Gedichten genießen, die durch den poetischen Geist hierin geschaffen wurden. Das Buch ist eine Feier der wechselnden Jahreszeiten, der natürlichen Schönheit und der Liebe und Gefahr, die überall sind.

Die begeisterte Resonanz, die ich von den Lesern von Thurstons Buch erwarte, wird beweisen, welchen enormen Einfluss eine Idee haben kann. Wie aufregend es ist zu sehen, wie sich Menschen darauf konzentrieren, unvermeidliche Stolpersteine in Sprungbretter zu verwandeln. Sie vertrauen darauf, dass sie es am Ende schaffen werden. Und meistens tun sie es. Ich glaube, dass die größte Befriedigung, die ein Dichter erhält, aus der Meinung der Menschen über seine Arbeit resultiert. In der Armee heißt es »Service Reputation« und ich denke, dass es das Wichtigste ist.

MᴄKᴇɴᴢɪᴇ Wᴀʀᴋ → Lᴀʜᴏʀᴇ, 2013

KÜNSTLICHE KÜNSTLICHE INTELLIGENZ

GEDICHTE 0,01–0,25

0,01. Schmerzen
00:02:45 → \$ 0,22 / Std. → 1/1

Der Schmerz und die Last, die sie trägt
Hat ihre Beine gebrochen und haarlos gelassen
Ich kann nicht schlafen, ich kann nicht weinen
Man verabschiedet sich nicht einfach nur.

0,02. Ich liebe diese Welt
00:36:38 → $ 0,03 / Std. → 1/2

Ich liebe diese Welt
Das freut mich.
Aspekte der Liebe und Schönheit
Halte mich streng und robust
All diese glitzernden Sterne
Und Regenbogen im feuchten Himmel,
Schwäne, die sich auf dem Bürgersteig bewegen
Mach mich glücklich und fleißig.

Wie schön ist die Szene von
Ein Mädchen geht auf den Markt
Mit Korb in der Hand.
Oh schau, da ist ein Junge
An dieser Straßenkreuzung
Mit einem lächelnden Gesicht.

Weiße Lotusblumen winken mit den Köpfen
In blauem Wasser der Ruhe.
Ihre smaragdgrünen Blätter
Verbreiten Sie sich und schweben Sie auf Melancholie.

Oh Gott, wie großartig du bist.
Du hast all das für mich geschaffen.
Dass ich für deine Gnade dankbar bin
Das macht mich freudig und erfolgreich.

Ich lege mich in den Schatten.

Nicht mehr das Licht meines Traums vor mir.

Über mir
Nur die dicke Wand.

Nur der Schatten.

Nur meine Hände!

0,03. Denk nochmal

00:03:11 → $ 0,57 / Std. → 1/1

Denken Sie noch einmal darüber nach, ob Sie der Beste sind.
Weil du nicht besser bist als alle anderen.

Egal, ob Sie Weiß, Schwarz oder Braun sind.
Sagen Sie nicht immer Dinge, um Menschen niederzuschlagen.

Wenn Sie ihnen zeigen, dass Sie freundlich sind,
Und du zeigst ihnen, dass es dich interessiert,
Du wirst viele Freunde finden,
Es spielt keine Rolle, woher.

0,04. Bin ich blind oder vielleicht dumm?
00:00:11 → $ 13.09 / Std. → 1/1

Bin ich blind oder vielleicht dumm?
ZWEI Cent zu sehen hat mich taub gemacht.

Würden Sie für diese dürftige Menge arbeiten?
Würden Sie es ernst nehmen, würde es sogar zählen.

Das ist in vielerlei Hinsicht beleidigend,
Aber es scheint ein Trend zu sein, der neueste Wahnsinn.

Es macht mir nichts aus zu schreiben, wenn die Preise stimmen,
Aber zwei Cent sind beleidigend und den Kampf nicht wert.

Keine Zahlung und eine Ablehnung werden sicher kommen,
Aber ich konnte das nicht ohne zu sagen passieren lassen
»Ich bin nicht dumm«.

0,05. Das Haus
00:02:11 → 1,37 USD / Std. → 1/1

Die Farbe blättert von den Brettern ab,
Und das Teerpapier darunter scheint durch.
Einige Schindeln sind vom Dach gefallen.
Die Veranda neigt sich zu einer Seite,
Und die Stufen sind wackelig und schwankend.

Wenn ich meine Augen zusammenkniff und es so betrachte,
Ich kann sehen, wie es früher war.
Der Lack ist neu und das Dach ist stark.
Die Schritte sind fest und sicher,
Und die Kinder rennen auf und ab.

0,06. Für wen halte ich mich?
00:08:30 → 0,42 USD / Std. → 1/1

Bin ich der, für den ich mich halte?
Oder bin ich der, von dem du sagst, dass ich bin?
Ich möchte frei sein, ich möchte ich sein.
Sie haben mich in eine Kiste mit Schloss und Schlüssel gesteckt.
Ich gehe von Zeit zu Zeit am Schloss.
Aber es ist nicht so einfach, frei zu sein.
Ich bin gefesselt von dem Titel, den du mir gegeben hast.
Ich sehne mich so sehr danach, ich zu sein, mich loszureißen.
Aber meine Ängste halten mich an diesem Ort.
Dieser Ort, an den du mich gezwungen hast zu sein.
Meine größte Angst ist, dass du mich nicht liebst.
Wenn ich mich frei mache.
Bin ich der, für den ich mich halte?
Oder bin ich der, von dem du sagst, dass ich bin?
Ich kenne die Antwort, um sicher zu sein.
Ich bin nicht stolz, ich habe Angst, ich zu sein.

0,07. Ein Kind
00:16:40 → $ 0,25 / Std. → 1/1

Kind lächelt, während Sie lächeln,
Kind weint, wenn Sie weinen.

Kind spielt, während Sie spielen,
Kind singt, während Sie singen,
Kind tanzt, während Sie tanzen.

Wenn Sie sie jeden Tag sehen,
Sie werden sehen, dass sie beim Spielen lernen.
Sie werden tun, was sie sehen und sagen, was sie hören.
Sie sind im Laufe der Jahre ihr Lehrer.

Beobachten Sie sie, wie sie laufen lernen.
Hören Sie ihnen zu, wenn sie sprechen.
Bewahren Sie sie sicher vor Schaden auf.
Wickle sie sanft in deine Arme.
Bringen Sie ihnen bei, zu teilen und sich abzuwechseln.

Kind lächelt, während Sie lächeln,
Kind weint, wenn Sie weinen.

Kind spielt, während Sie spielen,
Kind singt, während Sie singen,
Kind tanzt, während Sie tanzen.

0,08. Stücke meines Herzens
00:18:47 → \$ 0,26 / Std. → 2/2

Ich sitze an meinem Schreibtisch
Ich versuche ein Gedicht zu schreiben.
Ich möchte, dass es um die Hügel geht,
Aber meine Gedanken beginnen zu wandern.
Ich denke an all diese Tage
Das dachte ich sollte dauern.
Jetzt weiß ich, dass es nie war,
Es ist alles vorbei, es ist Vergangenheit.

Nachts bin ich immer hellwach,
Weil du für immer in meinem Kopf bist.
Und die einfache, schreckliche Wahrheit
Bist du niemals mein?
Ich wünschte ich könnte es dir erzählen
Wie viel du mir bedeutest.
Aber etwas hält mich zurück
Etwas, das ich nicht sehen kann.

So nah du mir stehen magst
Es gibt immer einen Grat dazwischen.
Wir sind zwei Welten voneinander entfernt,
Obwohl das zu sehen ist.
Wenn es etwas gibt, das du liebst
Lass es einfach los, sagen sie.
Wenn es jemals zurückkommt, gehört es Ihnen.
Wenn nicht, sollte es bei Ihnen nicht bleiben.

Das ist alles, was ich getan habe
Und dann wusste ich, dass es wahr ist.
Dass du mich nie gebraucht hast
So wie ich dich brauche.
Wir sollten nicht zusammen sein,
Aber es ist schwer, getrennt zu bleiben.
Aber was auch immer passiert, wie viele Tage vergehen,
Du wirst immer in meinem Herzen sein.

0,09. (Ohne Titel)
00:17:03 → $ 0,32 / Std. → 1/1

Ausgeglichen auf dem dünnsten Strang,
Obwohl es Spaß macht, müssen wir uns enthalten.
Wenn nur Sterblichkeit und Sexualität Hand in Hand gehen
würden
Wieder mein Handgelenk aufschneiden.

Jagen, jagen sein Verlangen,
Sein Herz wurde schwach, seine Hände begannen zu zittern,
Also habe ich ihr mit einem Draht die Kehle durchgeschnitten,
Schütteln, schütteln, schütteln, schütteln, schütteln, Hund
schütteln.

Halten Sie inne und stellen Sie sich seinem neuen Feind.
Quell deine elenden Ängste!
Oh mein Gott, das ist mein Zeh,
Ich gehe jetzt zu meinem Schloss, um etwas zum Kämpfen aus-
zusuchen.

Schnell hoch oben laufen,
Um die Anzeige von Krähen aufzuhellen,
Für den, der Wurst liebt,
Sie knirschen zwischen meinen Zehen wie Spatzenknochen.

0,10. Aber leider bin ich allein und arm
00:02:27 → 2,45 USD / Std. → 1/2

Im Gegensatz zu anderen habe ich viele unerfüllte Träume,
Nicht 2 sei ein König oder ein Höchster,
Aber 2 sei in der Welt der Freude und des Glücks,
Verstehe die Essenz des Lebens und die Freude,
2 spielen mit den Kindern meines Alters,
2 fühlen sich wie ein Vogel, wenn sie aus einem Käfig befreit
werden,
Freude, Freude und Freude und Lachen jeden Moment,
Lassen Sie sich begeistern und lassen Sie alle schüren,
Über die Hoheit des Lebens, Liebe und Zuneigung,
Geben Sie mein größtes Geschenk in diese Richtung,
Verbreite Bildung, baue Häuser, wenn ich Geld habe,
Und machen Sie jede Nacht bunt und jeden Tag sonnig,
Laden Sie alle 1 ein und feiern Sie jedes Festival,
Und machen Sie diese Welt wie einen riesigen Karneval,
Hilfe bei der Erforschung des verlorenen Lächelns bei mittel-
losen Kindern,
Entfernen Sie ihre Schwierigkeiten, Probleme und Schmerzen,
Erhebe meine Stimme gegen die Ungerechtigkeit, die das Volk
angerichtet hat.
Hilfe bei der Beseitigung von Narben, Armut und Aberglauben,
Das hätte möglich sein können, wenn ich Geld gehabt hätte, da
bin ich mir sicher.
Aber leider bin ich isoliert, allein und arm.

0,11. Die Welt
00:04:07 → 1,60 USD / Std. → 1/1

Das Leben an der Ecke ist kein Fehler im Spiel.
Das Gesicht der Benutzer verwechselt das Gesicht nicht.
Das Spiel benutzt und missbraucht die Spieler auf verschiedene
Arten.
Niemand schuld außer dem Schmerz.
Niemand, der mit den Fingern auf die Straßenblöcke zeigt.
Kredithaie, Drogendealer, Zuhälter und Rapper.
Die Welt wird von Fallenstellern und Schauspielern regiert.
»Fake it, bis du es schaffst«, wurde den Straßenhändlern gesagt.
»Niemals schnupfen und immer den G-Code einhalten«.
Zu fett nein M.O. nur Gehirne.
Kein M.O. nur Schmerz.
Bitte M.O. Ich sage immer wieder.
Und die einzige Antwort, die ich zurück bekomme, ist »weiter-
spielen«.
Stoppen Sie den Hass, um den Schmerz zu stoppen.

0,12. (Ohne Titel)
00:10:14 → 0,70 USD / Std. → 1/2

Die Libelle erhob sich zum extremen Himmel,
Als hätte es beschlossen, den neuen Tag zu machen
Um die Stimme gegen die Fremden neu zu erheben,
Die Missbildungen der wenigen Exzentriker zum Absturz
bringen.

Auf den Stern zielen, die Sonne fürchten,
Und um die Unsicherheiten zu überwinden, um zu leben
Aber »Ich bin so niedrig«, sagt sie, denn wir sind ungehört.
In der Menge ungehört, in der Flut unsichtbar.

0,13. Liebe
00:03:33 → 2,20 USD / Std. → 2/7

Ich liebe dich, denn du gehörst mir,
Ich liebe dich, denn du bist kostbar.
Ich liebe dich, denn du bist einzigartig.
Ich liebe dich, denn du bist der Beste,
Ich liebe dich, weil du mich liebst,
Ich liebe dich ohne Grund,
Meine Liebe zu dir ist bedingungslos.

Ich liebe dich für das, was du bist,
Ich liebe dich für das, was du sein wirst,
Ich liebe dich für das, was du warst,
Ich weiß nur, dass ich dich liebe.

0,14. Anerkennung
00:01:36 → 5,25 USD / Std. → 1/1

Danke Mama und Papa
für Partys, die rocken
für tolle Geschenke und wunderschöne Kleider
für wunderbare Leckereien und leckeres Essen
dafür, dass du mir beigebracht hast, dankbar zu sein
und immer gut zu sein.

Vielen Dank für Ihre Opfer
und all deine harte Arbeit,
für Ihre Geduld und Ihr Verständnis,
zum Lachen, Teilen und Zuhören.

Vielen Dank für die Erinnerungen
das kann man nicht kaufen,
und für ein warmes und liebevolles Zuhause
wo ich mich nie alleine gefühlt habe.

Vielen Dank für die Pflege
und dafür, ständig da zu sein.
Danke, dass du mir glaubst und zu mir stehst
dafür, dass du mich stark hältst und mir beim Sehen hilfst
wie viel besser das Leben ist
wenn es nicht nur um mich geht

Danke für die Weisheit
deiner Worte und Taten.

Ich hoffe das eines Tages
Ich kann auf deine Weise folgen,
sei so selbstlos wie ihr zwei,
und ein idealer Elternteil auch.

0,15. Träume träumen
00:00:05 → $ 1,08 / Std. → 1/1

Ich bin von Träumen erschöpft;
Ein verwitterter Marmor-Triton
Unter den Strömen;
Und den ganzen Tag schaue ich
Auf die Schönheit dieser Dame
Als hätte ich im Buch gefunden
Eine abgebildete Schönheit,
Freut mich, die Augen gefüllt zu haben
Oder die anspruchsvollen Ohren,
Erfreut, aber weise zu sein,
Für Männer verbessern sich mit den Jahren;
Und doch und doch
Ist das mein Traum oder die Wahrheit?
O ich wünschte, wir hätten uns getroffen
Als ich meine brennende Jugend hatte;
Aber ich werde alt unter Träumen,
Ein verwitterter Marmor-Triton
Unter den Strömen.

0,16. Ich bin eine Frau
00:10:00 → 0,96 USD / Std. → 2/2

Oh, Brise, komm und zwitschere um mich herum
Gib mir einen Hauch von Liebe
Ich bin besiegt und traumlos
Weil ich eine Frau bin.

Bis gestern hatte ich wundervolle Träume
Voller Zuversicht, hell und schwul
Aber jetzt fühle ich mich meine Visionen verloren,
Bunte Träume und Bestrebungen.

Wie Sie alle habe ich mir die Suche gestellt
Was ist falsch daran, eine Frau zu sein?

0,17. Ein Gedicht, das du nicht geschrieben hast
00:03:26 → 2,98 USD / Std. → 1/1

Ein Gedicht für dich schreiben
Das würde sicherlich nicht reichen
Damit du es nimmst und es dir selbst machst.

Ich würde meine ganze Zeit verbringen
Für etwas mehr als einen Cent
Ich gebe dir Zeile für Zeile meine Reime.

Reime sind nicht frei
Aber sie fallen mir leicht
Wie ich glaube, habe ich das inzwischen gezeigt.

Diese Reime sind für dich
Mach was du tust
Und fälsche es, um es dir zu eigen zu machen.

0,18. Träume von Freiheit
00:03:58 → 2,72 USD / Std. → 1/1

Es gibt einen Traum, den ich leben möchte,
Kommen Sie und hören Sie es, während ich mitsinge.
Ich singe das Lied, das Lied der Freude,
Während ich laut schreie: »Ja, ich bin frei!«

Wenn ich atme, spüre ich die Brise,
Ich fühle die Freiheit um mich herum,
Den Flug meiner Fantasie nehmen,
Kann wegen eines zerbrochenen Traums nicht aufhören!

Es gibt ein Königreich, in dem ich leben möchte.
Wo Glück und Frieden immer überleben,
Süß und angenehm ist der Wind herum,
Ich höre nur die Vögel, die laut singen!

Ich möchte tief ins Meer schwimmen,
Entdecke alle Gedanken in mir,
Schwimmen zusammen mit Fischen des blauen Meeres,
Ich möchte die Perle finden, die Schicksal heißt!

0,19. Warten
00:00:11 → 62,18 USD / Std. → 1/1

Eine weiße Feder fällt,
Durch vergitterte Fenster beobachtet
Ausnahmsweise einmal transparent.

0,20. Der Sinn des Lebens
00:00:20 → $ 36 / Std. → 1/1

Liebe ist die am schwersten zu schluckende Pille.
Glaube ist nicht immer etwas, dem du folgst.
Hoffnung ist etwas, das Sie haben, wenn Sie an morgen denken.
Schmerz ist nichts anderes als ein Attribut der Trauer.

Zeit ist etwas, das wir uns alle leihen.
Der Tod ist nichts als ein Übergang.
Greef ist ein Beweis dafür, was fehlt.
Eine Beerdigung bedeutet nur, dass Sie Ihre Mission beendet
haben.

Tränen sind das Hauptgericht in der Küche des Lebens.
Glauben bedeutet, dass Sie festhalten.
Leere ist das, was passiert, wenn alles weg ist.
Wut bedeutet nur, es aufzubringen.

Das Leben ist eine Schachpartie und wir sind der Bauer.
Wünschen ist nur eine Form des Spielens.
Versprechen sind nichts als Dinge, die Sie sagen.
Der Sinn des Lebens ist einfach zu weit weg.

0,21. Schlüssel zum Königreich
00:00:35 → 21,60 USD / Std. → 1/1

Wir sind uns sicher, dass
Mutter ist immer Liebe, Liebe, Liebe, Liebe.

Liebe ist stark und doch zart.

Es kann kaputt gehen.

Wirklich lieben heißt das verstehen.

Verliebt zu sein bedeutet, dies zu respektieren.

In diesem Königreich gibt es eine Stadt.

In dieser Stadt gibt es eine Stadt.

In dieser Stadt gibt es eine Straße.

In dieser Straße gibt es eine Gasse.

In dieser Gasse gibt es einen Hof.

In diesem Hof gibt es ein Haus.

In diesem Haus gibt es ein Zimmer.

In diesem Raum gibt es ein Bett.

Auf diesem Bett steht ein Korb.

In diesem Korb gibt es einige Blumen.

Blumen im Korb.

Korb ist das Bett.

Bett im Zimmer.

Zimmer im Haus.

Haus im Hof.

Hof in der Gasse.

Lane auf der Straße.

Straße in der Stadt.

Stadt in der Stadt.

Stadt im Königreich.

Vom Königreich ist dies der Schlüssel.
Mutter gibt mir Liebe und Fürsorge.

Vater zeigt mir, wie es geht.

Freunde geben mir Freude und Spaß.

Onkel kaufen mir Spielzeug, das läuft.

Oma erzählt mir nachts Geschichten.

Bruder schont sein Fahrrad und seinen Drachen.

Schwester spielt ein paar Streiche, die bitte.

Lehrer helfen mir, mit Leichtigkeit zu lernen.

Ich bin der glücklichste, den Sie sehen können,
Sie alle hier bei mir zu haben.

0,22. Blau
00:00:22 → $ 36 / Std. → 1/1

Schön.
Mich anrufen,
Lade mich ein,
Freiheit.

0,23. (Ohne Titel)
00:00:22 → 37,64 USD / Std. → 1/5

Lass dir keine Sorgen machen,
Lass dich nicht von Traurigkeit ertränken;
Wisse, dass immer eine Person da sein wird, um dich zu führen.
Sie können ihn vielleicht nicht sehen, aber Gott ist immer ne-
ben Ihnen.

0,24. Mein Sohn
00:03:32 → $ 4,08 / Std. → 3/7

Du meinst die Welt für mich,
Du bist mein Sonnenschein,
Du hältst mich am Laufen, wenn ich unten bin.

Ich kann dein Lächeln nicht verfehlen,
Du bist der einzige, der die größte Bindung zu meinem Schatz
eingeht,
Ich lebe für dich, mein Lieber.

Du bist mein molliger, sprudelnder, süßer Kuchen
ich liebe dich mein Sohn
Denn du bist mein einziger.

0,25. Ode an Michael Jackson
00:03:23 → $ 4,42 / Std. → 1/1

Es sind vier Jahre vergangen
Seit du diese Erde verlassen hast.

Ich will dich nur wissen lassen,
Ihr Erbe hat sich gelohnt.

In der Großstadt Gary,
Wo dein Talent geboren wurde.

Ihre Kindheit war beängstigend,
Ihr Selbstwertgefühl war zerrissen.

»Mein Vater ist ein großes Genie«
Das war dein Lieblingsanspruch.

Aber warum solche Gemeinheit abschirmen?
Und ihn vor Schuld schützen?

Hässliche Gerüchte und reden
Sind immer noch über dich verbreitet.

Warum können Menschen nicht einfach laufen?
Und nicht Dinge falsch sagen?

Dein Ruhm wird niemals aufhören,
Ihre Legende lebt auch weiter.

Ruhe in Frieden, King of Pop,
Ich werde dich immer vermissen.

VORTEILE DER NACHFRAGE, ELASTISCHES PERSONAL

GEDICHTE 0,26–0,5

0,26. Einsamkeit
00:37:08 → $ 0,42 / Std. → 1/1

Den Hügel hinuntergehen
Auf dem grüngrünen Gras
In den Armen der Natur,
Einsamkeit ist das, was ich suche
Tief in meinem Herzen.

Ich kann die Bäume schwanken sehen
Ich kann die Blätter rascheln hören
Ich kann den Strom tanzen hören
Zur Musik in meinem Herzen,
Einsamkeit ist das, was ich suche.

Einen kleinen Marienkäfer habe ich gefunden
Ich sitze glücklich neben mir
Den Sonnenschein offen genießen
Ich wünschte, ich könnte wie sie sein,
Einsamkeit ist das, was ich suche.

In den Armen der Natur
Ich lachte und weinte
Mit niemandem, der mich aufhält.
In den Armen der Natur
Einsamkeit fand ich,
Einsamkeit habe ich hier gefunden.

0,27. Türke
00:00:57 → 17,05 USD / Std. → 1/1

Hier sitze ich und arbeite,
Als böser kleiner Türke,
Ich werde kaum bezahlt und die Stunden saugen,
Also gib mir einen verdammten Dollar.

0,28. Unsere besondere Bindung
00:18:15 → $ 0,92 / Std. → 1/1

Freundschaft ist eine besondere Bindung,
Das mag ich sehr.

Du bist sehr nett zu mir,
Ich muss nicht auf meinem Knie knien.

Ich störe dich immer Tag und Nacht,
Aber du bist auch in meinen Kämpfen bei mir.

Hab keine Angst, ich bin immer da,
Sie können mich jederzeit und überall anrufen.

Sei nicht böse, wenn ich kämpfe,
Komm und schlag, du hast das Recht.

Du magst es nicht, wenn ich dir danke,
Zusammen spielen wir unsere Streiche.

Du bist derjenige, der immer in der Nähe ist,
Und du wäschst meine ganze Angst.

In der ganzen Welt,
Du bist sehr freundlich und süß.

Du bist derjenige, den ich brauche,
Wenn du nicht isst, füttere ich Dich.

Erzähl niemals eine einzige Lüge,
Weil du mein süßer Kuchen bist.

Du bist meine Welt,
Und du magst Quark.

Du teilst meine Geheimnisse nicht,
Und halte all das Bedauern fern.

Diese Bindung liegt tief in unseren Herzen,
Aber eines schönen Tages müssen wir getrennt sein.

Freundschaft ist eine besondere Bindung,
Das mag ich sehr.

0,29. Türke

00:02:20 → $ 7,46 / Std. → 1/1

Sie sieht zu, wie die Bäche fließen.
Sie sieht zu, wie sich das Blatt dreht.
Wieder verloren wie zum ersten Mal:
Bilderbuch.

Der letzte Ort, den Sie suchen, ist der erste Ort, an den ich gehe.
Sie sagt,
Das Letzte, was Sie brauchen, ist …

Sie ist noch nicht fertig.
Sie weiß, dass du nicht zuhörst,
Sie weiß:
Fluss der Menschheit, konkreter Dschungel, die alten
                                        Metaphern.

0,30. Schöne Gefühle
00:10:25 → 1,73 USD / Std. → 1/9

Liebe ist das schöne Gefühl, das
Kam vom Himmel, um den Menschen glücklich zu machen
Liebe ist der mächtige Segen
Kann den Geist rein machen
Liebe ist wie Parfüm
Es verbreitet sich überall auf der Welt
Liebe ist einfach
Es erobert den Geist
Liebe ist wie Magie
Es macht die Welt zum Himmel
Oh! Meine Güte, ich mag
Eine Welt, in der Liebe Macht ist
Oh! Meine Güte, das bin ich
Verliebt in einen schönen Jungen.

0,31. Sonne und Fels
00:21:14 → $ 0,88 / Std. → 1/1

Sol vertraut sich dem ignis fatuus an,
Ein Fleck ist bisher nicht im Fokus.

Und ein Gott wünscht nichts mehr,
Als für einen Moment ein Stein zu werden.

Wie perfekt es noch wartet,
Die Saiten der unbeantworteten Frage.

0,32. Gedicht über die Liebe
00:08:57 → 2,15 USD / Std. → 1/1

Was ist Liebe, aber eine Emotion, so stark und so rein,
Dass alle Tests, die es aushalten wird, gepflegt und mit anderen
geteilt werden?

Was ist Liebe, aber eine Kraft, um die Mächtigen zu senken?
Mit der Kraft, die Berge zu beschämen und den unaufhörli-
chen Fluss der Zeit anzuhalten.

Was ist Liebe, aber ein Triumph, ein ruhmreiches Ziel erreicht,
Die Vereinigung zweier Seelen, zweier Herzen, eine Bindung,
die die Engel haben bestellt?

Was ist Liebe, aber ein Champion, um den Despoten von sei-
nem Thron zu werfen?
Und hisse die Flagge der Wahrheit und des Friedens und der
Angst vor dem Tod Sturz?

Was ist Liebe als ein Feuer, um das eigensinnige Herz zu
führen?
Ein loderndes Licht auf Untiefen, die Träume schätzten ein Teil?

Und was ist Liebe, aber für immer, ewig und aufrichtig,
Eine Flamme, die durch Wachs und Niedergang die Lebens-
aufgabe überlebt Jahre?

Also werde ich es auf den Berggipfeln an allen Orten hoch und
niedrig sagen: Diese Liebe zu dir ist mein Grund zu sein und
wird niemals brechen oder sich verbeugen.

0,33. Der Sturm
00:05:42 → $ 3,47 / Std. → 1/1

Der Himmel ist morgens rot.
Aber in der Wüste regnet es gut.
Der Donner dröhnt über die Berge.
Ich stehe draußen und beobachte den Sturm.

0,34. (Ohne Titel)
00:08:03 → $ 2,53 / Std. → 1/1

Mir wurde gesagt, Liebe sei rein
Es gibt noch viel zu heilen
Warum wir es die ganze Zeit zählen
Wenn es unseren Geist beruhigt
Da kommen Kurven auf und ab
Ist nicht gerne ungezählt zu zählen
Wenn Liebe auf den ersten Blick ist
Warum wir gerne in die Augen schauen
Liebe ist nicht die Art, wie du handelst
Aber so fühle ich mich
Ist Liebe wie ein Kind
Wer ist verrückt und wild
Vergisst alles und genießt
Wann bekommt Toffee und Spielzeug.

0,35. Mein lieber Freund
00:23:12 → 0,91 USD / Std. → 1/1

Ich kann einfach nicht glauben, dass du weg bist,
Es scheint, als wären wir erst gestern zusammen gewesen,
Jeder vorbeiziehende Wind ist eine ständige Erinnerung an unsere Liebe,
Ich liebe dich so sehr.

Du bist die Luft, die ich atme,
Mein Leben hat viel Dunkelheit ohne dich,
Die Meereswellen erinnern mich an die Zeiten am Strand,
Meine Taube.

Wenn ich dich ersetzen könnte, würde ich sofort,
Aber du bist ein reines Gold, so selten zu finden,
Ein Sonnenschein und ein Stern, die meinen Weg erhellen,
Es ist zu früh für dich, mich zu verlassen.

Unsere Liebe war so rein und erfrischend,
Mit dir war mein Leben vollständig
Aber von dem Moment an, als du geschlafen hast, war mein Leben nie mehr das gleiche.
Es dauerte eine Kehrtwende.

Du bist jetzt unter den Engeln, die im Himmel über uns wachen.
Ich kann es kaum erwarten, bei Ihnen zu sein, wenn der richtige Zeitpunkt gekommen ist.

Du bist mein Silberstreifen in jeder Wolke, die mir in den Weg kommt,
Wir werden uns an diesem schönen Ort wiedersehen.

Möge der allmächtige Gott deine Seele in vollkommenem Frieden bewahren.
Ich liebe dich.
Tschüss mein lieber Freund.

0,36. Familie
00:02:22 → 9,13 USD / Std. → 4/7

Familie ist ein schönes Konzept.
Vater, Mutter, Brüder und Schwestern.
Opa, Oma, Onkel und Tanten.
Ich liebe meine Familie.
Teilen und Fürsorge ist das Zentrum familiärer Beziehungen.
Bedingungslose Liebe, die wir teilen.
In Schwierigkeiten kümmern wir uns.

0,37. Herr
00:00:08 → $ 166,50 / Std. → 2/5

Das Leitlicht,
Wo Liebe ist, ist Jubel;
Wo Gott ist, ist der Weg frei;
Wo es Wahl gibt, höre auf die innere Stimme;
Wo es Gebet gibt, gibt es Vertrauen in jede Schicht;
Lass dich nicht von Angst regieren, oder Dunkelheit trübt dich;
Denken Sie daran, wo der Herr ist, werden Sie gegen alle Widrigkeiten gewinnen.
Suche nicht nach dem Herrn um dich herum.
Er ist der einzige, der in dir wohnt,
Suchen Sie also den Herrn in sich und gewinnen Sie immer.

0,38. Herr
00:00:05 → 273,60 USD / Std. → 3/5

Das Leitlicht,
Wo Liebe ist, ist Jubel;
Wo Gott ist, ist der Weg frei;
Wo es Wahl gibt, höre auf die innere Stimme;
Wo es Gebet gibt, gibt es Vertrauen in jede Schicht;
Lass dich nicht von Angst regieren, oder Dunkelheit trübt dich;
Denken Sie daran, wo der Herr ist, werden Sie gegen alle Widrigkeiten gewinnen.
Suche nicht nach dem Herrn um dich herum.
Er ist der einzige, der in dir wohnt,
Suchen Sie also den Herrn in sich und gewinnen Sie immer.

0,39. Herr
00:00:06 → $ 234 / Std. → 4/5

Das Leitlicht,
Wo Liebe ist, ist Jubel;
Wo Gott ist, ist der Weg frei;
Wo es Wahl gibt, höre auf die innere Stimme;
Wo es Gebet gibt, gibt es Vertrauen in jede Schicht;
Lass dich nicht von Angst regieren, oder Dunkelheit trübt dich;
Denken Sie daran, wo der Herr ist, werden Sie gegen alle Widrigkeiten gewinnen.
Suche nicht nach dem Herrn um dich herum.
Er ist der einzige, der in dir wohnt,
Suchen Sie also den Herrn in sich und gewinnen Sie immer.

0,40. Die Jahreszeiten in Ihren Augen
22:49:53 → $ 0,02 / Std. → 1/1

Liebes o liebes, um deine Augen zu sehen, wie viele Tage ich gewartet habe,
    Träume oder träume, bitte schließe nicht deine Augen. Ich kann das vergessen
    Welt.
In Augen brennende Sommersaison,
    In deinem Herzen kalte Wintersaison.
In der Liebe schwere Regenzeit,
    Jetzt können wir das immer zu jeder Jahreszeit genießen.

0,41. Leben
00:00:05 → 295,20 USD / Std. → 5/5

Das Leben ist schön – genieße es
Das Leben ist herausfordernd – bekämpfe es
Das Leben ist kurz – lebe es vollständig
Das Leben ist großartig – schätzen Sie es
Das Leben ist ein Geschenk – schätze es
Das Leben ist Gott – vertraue darauf
Das Leben gibt uns so viele Gründe zum Feiern
Lebe jeden Moment deines Lebens so, als wäre es der beste
Moment.

0,42. Gegenwärtiges Glück
00:03:55 → 6,43 USD / Std. → 1/1

Das Leben in der Vergangenheit wird dich verrückt machen,
Aber dankbar für die Gegenwart zu sein, wird dich glücklich
machen, Baby.

Wenn Sie für die Zukunft planen, erhalten Sie Sicherheit.
Aber Angst in jedem Moment wird zu Sorgen führen.

Seien Sie gespannt auf unsere gemeinsame Zukunft,
Und schätzen, was wir tun müssen, um es besser zu machen.

Jeder Tag ist eine neue Reise,
Also lieb mich ohne Sorge.

0,43. Charlie
00:01:15 → 20,64 USD / Std. → 1/1

Charlie ist eine große Zeit.
Charlie hat ein Boot namens Tim.
Eines Tages geht Charlie groß in die Stadt.
Charlie hofft, ein heißes Mädchen in City zu finden, einmal in Hollywood.
Charlie geht jeden Tag viel.
Ein Lexus ist teuer.
Es ist von unschätzbarem Wert, eine große Zeit zu verbringen.
Charlie trägt einen Hut aus amerikanischen Träumen.

0,44. Über mich
00:10:08 → 2,61 USD / Std. → 2/2

Ich bin frech aber schüchtern,
Und ich mag Sterne am Himmel.
Ich liebe meinen Vater und meine Mutter,
Und auch die Spielsachen, die ich sammle.
Ich liebe es mit Farben zu spielen,
So ziehe ich viele Liebhaber an.
Ich liebe Süßigkeiten und Schokolade,
Und Cricket schauen.
Ich bin sehr verspielt
Und halte meinen Tag bunt.
Ich respektiere meine Eltern,
Sie machen mein Leben hell.
Ich liebe Tiere und Vögel,
Sie sind unsere wahren Freunde.
Ich liebe Lehrer meiner Schule,
Und liebe es, Cartoons zu sehen.
Ich bete jeden Tag Gott,
Um mich Tag und Nacht glücklich zu machen.
Ich möchte Arzt werden,
Und allen Menschen helfen.

0,45. Phantom
00:01:21 → $ 20 / Std. → 1/1

Überall in der Stadt
Ich werde meine Liebe verbreiten
Über sichtbaren Ton
Gedichte für die Augen
Mit ein paar Augenblicken.

Fast in Stein gemeißelt
Und eingenäht
Der Stoff unseres Lebens ...

Baumwolle.

Ich habe Zeit zu sparen
Also gebe ich dir etwas
Ein Stück Geist auch!
Ein vorübergehendes Hallo
Von einem Mann in seinen Schuhen.

Sie können dies nicht mit dem Auto tun.

Ich mache einen klassischen Beat
Ägyptisch und alt
Malen an Höhlenwänden
Und auf Hydranten pinkeln.

Ich war hier,
Und ich werde immer hier gewesen sein.

Ich habe einen Zauberstab.
Das, wenn ich es winke
Es verwandelt Stein in Leinwand.
Diese Wörter werden Schmetterlingsflügel,
Und heute Abend regnet es in Tokio.

0,46. Kissen voller Tränen
00:02:14 → 12,36 USD / Std. → 1/1

Ich strecke die Hand aus
Über die Nacht
Zwischen den Sternen
Nach Dir suchen.

Mein Herz ist leer
Mit deiner Abwesenheit wird es kalt
In die Dunkelheit schreien
Und keine Antwort erhalten.

ich brauche dich
Deine Stärke umgibt mich
Mit Liebe und Wärme
Sicherheit in deinen Armen.

Aber alles was ich habe
Ist ein Kissen voller Tränen
Ein gebrochenes Herz
Einsame Ängste.

0,47. Vater
00:06:04 → $ 4,65 / Std. → 5/7

Mein Vater, er ist alles für mich,
Er liebt meine Mutter, er liebt mich,
Er liebt seine Familie, Freunde und die Gesellschaft.

Er brachte mir bei, wie man andere liebt,
Er lehrte mich, andere nicht zu verletzen,
Er hat mich mein ganzes Leben lang geführt.

Jetzt ist es Zeit für mich, mich um ihn zu kümmern,
Er ist so ein freundlicher Mann,
Er ist weichherzig.

Gott hat mir einen Vater wie diesen geschenkt,
Ich bin dir dankbar, Herr.
Für so ein wunderbares Geschenk.

0,48. Mutter
00:03:23 → 8,51 USD / Std. → 6/7

Ich liebe meine Mutter, sie ist meine Kraft,
Sie hat alles für mich geopfert,
Und nur für mich.

Sie war in all meinen Taten für mich da,
Sie verstand alle meine Bedürfnisse gut,
Sie ist eine wundervolle Frau.

Sie ist mein führendes Licht,
Ich werde nicht in meinem Leben weggehen,
Ich werde keine Laster tun.

Weil sie immer bei mir ist,
Um mich zu halten, mich zu schelten und mich zu küssen,
Ich liebe dich, Mama, denn du bist die einzige, die ich liebe.

0,49. Geh weg
00:10:04 → 2,92 USD / Std. → 1/1

Wohin kann ich gehen
Von allem wegkommen?
Irgendwo bin ich frei
Von diesen Wänden nicht eingesperrt.

Ich kann die ganze Freude fühlen
Bauen Sie sich in mir auf.
Keine einzige Seele in Sicht
Soweit ich das beurteilen kann.

Ich möchte an diesen Ort gehen
Das ist ruhig und gelassen.
Leider für mich
Es ist nur ein Traum.

0,50. Mutter

00:00:12 → $ 150 / Std. → 1/1

Oh, es ist wunderbar.
Was für eine Süße, das Wort in allen Sprachen zu sagen.
Oh, sie trug mich und gebar mich,
Sie füttert mich, sie kümmert sich um mich,
Sie liebt mich, sie wischte meine Tränen mit ihren Lippen,
Sie unterrichtet meinen Unterricht und tut alles für mich.
Oh meine Mutter, ich weiß nicht, was ich sagen will ...
Ich liebe dich für immer mehr als alles auf der Welt.
Es spielt keine Rolle, ob ich Inder oder eine andere Nationalität
bin.
Jeder, als sie geboren wurden, schrie zum ersten Mal als »mmaa«
das bedeutet amma oder mutter.

DATENREINIGUNG, NORMALISIERUNG UND DEDUPLIKATION

GEDICHTE 0,51–0,75

0,51. Mein Baby
00:06:29 → 4,72 USD / Std. → 7/7

Mein liebes Baby, mein süßes Baby
Du bist so wertvoll für mich
Du bist wie eine rote Rose
ich mag es wenn du lächelst
Es tut mir weh, wenn du weinst
Der Mond schaut dich an
Die Sterne leuchten für dich
Du bist so eine super leuchtende Perle auf der Welt
Ich kann den Tag nicht vergessen, an dem du auf diese Welt
gekommen bist
Ich genieße die Momente, in denen ich dich in meinem Leib
getragen habe
Ich liebe es, mich an all das zu erinnern, was passiert ist und
Alle meine Erwartungen, als ich das erfuhr
In meinem Leib wächst ein kleiner Engel
Ich liebe dich mein Schatz
Du bist so wertvoll für mich
Ich liebe dich
Und werde dich bis zu meinem letzten Atemzug lieben.

0,52. Verlorene Liebe
00:08:29 → $ 3,68 / Std. → 2/9

Die sanfte Brise um mich herum
Hat keinen Duft.
Die ruhige Luft um mich herum
Gibt mir den Atem der Bitterkeit.
Das schreiende Durcheinander um mich herum
Geflüstert bin ich keiner.
Ja, ich bin niemand in dieser wundervollen Welt,
Denn ich habe niemanden, den ich lieben und von dem ich
geliebt werden kann.
Tag für Tag könnte ich sagen:
Nur die Liebesgeschichte des Scheiterns.
Wenn ich an mein Leben denke,
Meine Augen verschwimmen vor Kummer.
Einer, mein lieber Freund, der nicht mehr ist
Kommst du nicht wieder zu mir?
Du fehlst mir wirklich.

0,53. Leben
00:01:02 → 30,77 USD / Std. → 3/9

An den Stellen, an denen die Tanker fließen
Und die verschmutzten Bäume wachsen nicht
Und weiter die verbotenen gefährlichen Zonen
Die einzigen sichtbaren Dinge sind Leichen und Knochen
Witwen und Waisen! Was für ein Anblick
Aber sag mir, wer hat ihnen das Recht gegeben?
Die Linien, die weggeschossen werden
Aber was ist die Hauptursache? Sagen
Überall sind die Leute am besten
Aber sag mir, was ist in diesem Krieg echt?
Und überall was herrscht? Pathos?
Aber bitte sagen Sie mir, was die Ursache ist.

0,54. Ein Vogel im Flug
00:00:07 → 277,71 USD / Std. → 1/3

Ein Vogel im Flug ist ein wunderschöner Anblick
Die gefiederte Herde erscheint so fett
Ob auf einem Laternenpfahl oder einem Baum
Ein Vogel im Flug scheint frei zu sein.

Ein Vogel im Kampf ist ein wunderschöner Anblick
Es werden unzählige Arten erzählt
Der Vogelbeobachter entdeckt einen im Busch
Der Kolibri befreit sich und fliegt in der Dämmerung davon.

Ein Vogel im Flug ist ein wunderschöner Anblick
Staaten nennen den Vogel, der nicht verkauft werden soll
Der Kardinal für Virginia ist eine der Rassen
Das repräsentiert den Staat in seiner Rötung der Glaubensbe-
kenntnisse.

Ein Vogel im Flug ist ein wunderschöner Anblick
Fliegen in den Vliesen des Schnees in der Kälte
Folgen Sie dem Vogel zum Nistplatz
Zu sehen, wie die Vögel die Jungen nach der Jagd füttern.

Ein Vogel im Flug ist ein wunderschöner Anblick
Der Himmel zeigt sich, die Herden entfalten sich
Ausruhen, nisten, essen und hoch fliegen
Dort drüben sitzt jetzt zu Hause am Himmel.

0,55. Das Gebet eines Soldaten
00:13:08 → $ 2,51 / Std. → 1/1

Lieber Gott, bitte pass auf mich auf, ich werde eine Tarnung tragen
   Grün,
Ich habe meine Hände in Weihwasser gewaschen und sie sind immer noch nicht sauber.
Vergib mir, Herr, dreizehn Stunden lang habe ich nichts getan
   aber Sünde,
Ich habe deine Kinder nacheinander immer und immer wieder getötet.
Ich möchte um Vergebung für die Sünden bitten, die ich morgen machen werde
   denn für mich könnte es kein nächstes Mal geben,
Wann und wenn ich morgens aufwache, kehre ich zum zurück
   Frontlinie,
Ich möchte, dass Sie wissen, dass ich nicht gerne töte, aber ich habe genommen
   ein Eid an mein Land,
Wenn der Krieg nicht bald endet, reserviere bitte einen Platz für mich.
Ich bete, ich schlafe friedlich ohne Sorgen oder Angst.
Den ganzen Tag über habe ich bereits einen Albtraum erlebt.
Gott, ich gebe dir immer meinen Geist, Körper und Seele,
Ich bete, dass ich ein Überlebender dieses Krieges sein werde,
damit die Geschichte eines Soldaten es kann
   gesagt werden,

Gott segne meine Familie, meine amerikanischen Mitbürger, meinen Feind und meinen Freund,
Jesus halte mich in der Nähe des Kreuzes, ich liebe dich immer, Amen.

0,56. Eine weinende Frau
00:07:24 → $ 4,54 / Std. → 4/9

Draußen regnete es,
Sie war dort neben dem Fenster
Weinen und weinen die Dunkelheit.

An ihre Liebe denken -
Er schlief und ließ sie in Trauer zurück -
Sie wünschte sich so, ihr Leid würde beginnen.

Fühlte mich ganz alleine alleine und alleine
Ohne ihren Mann
Die Welt ist farblos.

Die Tage gingen weiter und weiter
Sie geht im Regen hinaus
Sattelt im Regen Regen im starken Regen
Aber sie weint.

0,57. Hinter dem Spiegel
00:20:39 → $ 1,66 / Std. → 1/1

Ich habe dich nie im Spiegel gesehen.
Starrte mich auch mit einem Mord an
Das tat mir sehr weh
Schlucken Sie es ein und schließen Sie es im Dunkeln ab.

Ich habe dich nie in einer aufregenden Ecke gesehen
Allein mit schüchternem Wärmer stehen
Das schmilzt das Feuer im Himmel der Liebe
Wo du und ich auf dem Hügel liegen, liegen wir.

Ich habe dich jemals in der Vision gefühlt
Auf dem Bildschirm lange vorstellen
An der Seite fühle ich dich dort
Wo du nie in der Nähe warst.

Trotzdem warte ich mit düsteren Augen
Flackernde Blätter wecken meine Lippen
Im Traum sah sie küssen
Fühle eine Berührung in langsamem Wunsch.

0,58. Ein Weg der Liebe
00:01:38 → 21,30 USD / Std. → 1/3

Ich liebe dich, du liebst mich nicht,
Wenn Vögel in den Himmel fliegen
Versuche sehr hoch zu kommen.
Ein Spatz ist allen gleichgültig
Sucht immer noch nach ihrer Mutter, wenn sie fällt.
Ihre Mutter ist in Wolken verloren
Die Verzweiflung ist tief, schreit sie.
Sie ist da, um jemanden zu lieben
Findet aber niemanden.
Dann singt sie im Reim
Ich liebe dich, du liebst mich nicht.

0,59. Master Slave
00:04:28 → $ 7,93 / Std. → 2/3

Zerfetzt und in schäbigen Kleidern,
Da ist ein Mann an der Tür.
Faltiges Gesicht, alt,
Ein Bild einer armen Rasse.
Was ist los mit seinem Leben?
Alle Freuden werden verweigert.
Sein einziger Fehler ist ein armer Mann,
Die Pausen sind bei reichen Männern.
Staat wird von einem Prime geführt
Wer ist Kopf eines Schreins.
Verkleidet im Gesicht seines Volkes,
Er ist bereit, seiner Rasse zu dienen.
Wo Meister alle großartig sind,
Und arm sind alle Sklaven,
Warum klopfen Männer nicht an die Türen?
Wo liegen all die Hoffnungen?
Tief in meine Augen schauen,
Mich dazu bringen, seine Kuchen zu teilen,
Viele Wünsche unerfüllt,
Aber Bäuche müssen gefüllt sein,
Ich war bewegt, biete Münzen an,
Er ist glücklich, singt im Reim,
Gott ist alles großartig,
Der Meister ist alles Sklave.

0,60. Verrückt nach Cricket
00:04:36 → $ 7,83 / Std. → 1/1

Es regnet draußen
Aber die Spieler spielen
Wie ein Krieger
Sie sind alle in totaler Leidenschaft
Und sie sind alle mutig
Sie sind unsere Landsleute
Und wir grüßen sie
Hoffe unser Land wieder
Gewinnt die Cricket-Kriege
Und das können wir alle genießen
Mit viel Spaß und Leidenschaft
Wir lieben dich Cricket und wir
Sind deine Anhänger.

0,61. Sollte nicht
00:02:10 → 16,89 USD / Std. → 1/1

Ich sollte nicht hier sein.
Ich hatte andere Pläne.
Ich sollte nicht hier sein,
Weg von Ihren Anforderungen.
Ich sollte nicht hier sein,
Sollte weit weit weg sein.
Ich sollte nicht hier sein,
Während Sie denken, dass alles in Ordnung ist.

0,62. Der letzte Tag
00:11:45 → $ 3,17 / Std. → 1/1

Dies war der letzte Tag für mich zu leben.
Nichts mehr zu nehmen, nichts mehr zu geben.
Alles was übrig blieb war dieser dürftige Tag.
Das ist kaum fair, könnte man sagen.
Dennoch ist es eine Verschwendung zu stöhnen und zu jammern.
Denn ich habe immer noch Macht über diesen Tag von mir.
Zeit ist eine lustige Sache, die weitergeht.
Manchmal geht es für immer, dann plötzlich weg.
Von dem Moment an, in dem wir geboren werden, sterben wir.
Wahrscheinlich, warum unsere erste Aktion weint.
Wir können es jedoch genießen, wenn wir auf eine bestimmte Weise leben.
Wir erkennen an, dass das Leben unser letzter Tag ist.

0,63. New Age Liebe
00:29:36 → 1,28 USD / Std. → 1/1

Das Flugzeug hebt ab,
Die Räder fahren ein
Unsere Herzen werden sich bald treffen
im Laufe der Tat.

Meine Träume werden,
meine Phantasien werden bald erfüllt.
Ich frage mich, ob meine Ideen
wird der Realität entsprechen?

Drei Jahre scheinen lang zu sein,
ohne den Blick zu kennen.
Nur Persönlichkeit, aber das Match-up
könnte in einem Buch nicht besser sein

Zwölf Stunden in der Luft,
aber nicht in der Lage, das Schlaftor zu passieren.
Das aufregende Gebäude
während eines qualvollen Wartens.

Die Minuten kriechen langsam,
Wie in Eis gehüllt.
Die Zeit wird kalt
wenn es in etwas Schönem endet.

Aber was ist, wenn es nicht so ist?
verdrehten Herzschmerz hinterlassen?
Wenn Wünsche zu Dämonen werden
Ein Urlaub ein ewiger Schmerz?

Ohne zu wissen, wo der Blitz einschlagen wird,
oder welche Konsequenzen werden sich ergeben;
Die neue Art der Datierung lässt keinen Trost
einfach ein blinder Kampf, der geführt werden muss.

0,64. Willst du nicht kommen und welche haben, Miss?

00:09:20 → $ 4,11 / Std. → 1/1

Alkohol ist die Pisse des Teufels,
Willst du nicht kommen und welche haben, Miss.

Wir werden schreien und schreien und zappeln,
Und frage mich, worum es geht.

Wir stöhnen und stöhnen und tun schlechte Dinge,
Und es ist alles wie in einem Traum.

Der Morgen kommt, wir ziehen weg,
Na ja, es ist nur ein weiterer Tag.

0,65. Leben, danke
00:02:57 → $ 13,22 / Std. → 1/1

Liebe dein Leben, weil du es lebst,
Es spielt keine Rolle, was andere darüber denken.

Liebe deine Freunde, weil sie immer da sind, um dir zu helfen,
Was wäre mit deinem Leben passiert, wenn sie nicht bei dir
wären?

Liebe deine Familie, weil sie sich um dich kümmert,
Können Sie an Ihre Zukunft denken, ohne dass eine Familie in
der Nähe lebt?
    dir helfen?

Das Leben ist nur eine Geschichte, die von Gott rezitiert wird.
Was auch immer geschieht, geschieht gemäß Gott.

Sei dankbar für den Gott, der all dies gemacht hat
Menschen zur Verfügung, um Ihnen zu helfen.

Denn ohne diese Leute herum,
Unser Leben wäre zum Scheitern verurteilt gewesen.

0,66. Wo soll ich anfangen?
00:06:04 → $ 6,53 / Std. → 1/1

Wie soll ich anfangen?
Ich denke, ich werde einfach schreiben
bis ganz zum Schluss.
Ich könnte mit meinem Namen beginnen
und woher ich komme.
Ja, damit werde ich beginnen
und dann wird noch mehr kommen.
Ich heiße PRIYA
und ich wurde in INDIEN geboren.
ich bin 19 Jahre alt
aber ich fühle mich noch älter.
Ich sehe viel jünger aus
oder so wird mir gesagt.
Meine Tage sind lang
und voller Freude.
Ich habe eine Tochter -
Nein, kein Junge.
Ich arbeite, gehe zur Schule,
und bin ein Vater.
Ich besitze mein eigenes Geschäft
wie Gott mein Zeuge ist.
Ich habe einen schönen Begleiter
Wer ist voller Leben.
Sie ist meine Freude -
Nein, kein Junge.
Meine zwei Mädchen sind mein Leben,

einer ist meine Tochter, der andere meine zukünftige Frau.
Meine Leidenschaft ist Geschäft,
Mein Titel ist Unternehmer.
Ich liebe, was ich tue,
Welches ist mehr als die meisten.
Wenn Sie Ihre Arbeit lieben
als auch Sie sich rühmen können.
Mein Geschäft ist eine Marke
Perception Apparel ist der Name.
Ich erstelle einzigartige Kleidung
und nichts ist ganz gleich.
Schau mich an,
Die Website ist der Name.
Unter meinen Hobbys
Sport ist ziemlich hoch.
Basketball ist mein Favorit,
Ich weiß immer noch nicht warum.
Andere Interessen können sein:
Essen, Filme und lange Strandspaziergänge.
Das fängt an, wie ein Date zu klingen.
Mir fällt nichts anderes ein.
Mein Leben in 300 Worten;
es ist irgendwie traurig.
Mein Leben in einem Absatz
Trotzdem habe ich nichts mehr zu sagen.
Nun, es scheint, ich habe angefangen zu schimpfen.
Ich hoffe jetzt kennst du mich vielleicht,
es gibt nicht viel zu sehen.
Denn das ist alles was es für mich gibt.
Im Wesentlichen der Zeit

Lassen Sie uns dies zu Ende bringen.
Und wenn Sie verloren sind, war dies meine Prosa
Aufgabe für meine Klasse, in der wir gebeten wurden, uns vor-
zustellen.

0,67. Ich war nicht da
00:03:30 → 11,49 USD / Std. → 1/1

Sie haben mich nicht eingeladen.
Ich wusste nicht, dass es passiert.
Erst später begann es zu schmerzen.
Es knabberte an mir,
Dann fing ich an zu essen.
Ich habe ein Foto gesehen.
Sie waren alle da.
Ich war nicht da
Ich existierte nicht.
Ich existiere nicht.
Ich glaube ich wusste es schon.

0,68. Leben mit dir

00:00:12 → $ 204 / Std. → 1/1

Verrückte Tage und verrückte Nächte
Du versuchst immer einen Kampf zu beginnen
Das Leben mit dir ist so blau
Manchmal weiß ich einfach nicht, was ich tun soll
Also rannte ich eines Tages weg
Nicht zurückblicken oder zuhören, was Sie zu sagen haben
Ein solches Leben ist wie ein Soldat im Kampf
Ich wäre lieber allein als in diesem Kriegsgebiet
Das Leben ist großartig, jetzt wo du weggesperrt bist
Ich würde es nicht anders haben.

0,69. Unser Stern
00:00:07 → $ 354,86 / Std. → 1/1

Ein Stern wird mit Liebe zu uns benannt
Als eine Einheit, die ewig zusammen sein soll.
Wir können immer nachsehen und wissen
Unser eigener Liebesstern wird für immer da sein.

Wenn wir jemals nachts getrennt sein müssen
Schauen Sie einfach zu unserem Stern oben hoch.
Für immer für dich und mich
Mit Schönheit, Helligkeit und Liebe.

Wie das Licht unseres Sterns
Unsere Liebe wird niemals verblassen.
Für unsere ewige Liebe
Im Himmel wurde wirklich gemacht.

Du bist der leuchtende Stern meines Lebens.

0,70. Meine Träume von dir
00:05:51 → $ 7,18 / Std. → 5/9

Dein fröhliches Gesicht
Und herzliches Lachen
Wird in meinem Herzen bleiben
So wie das Ganze
Singt in meinem Herzen
Oh Traum! Oh Traum!

Die Vögel lassen mich fühlen
Der Plausch von dir
Die Brise lässt mich fühlen
Die Berührungen von dir
Oh Traum! Oh Traum!

So wie du aussiehst,
Die Art und Weise wie du redest,
Wie du gehst,
Oh Traum! Oh Traum!

Du bist mein Traumvogel,
Du bist mein schönes Wort,
Du bist meine freudige Welt,
Oh Traum! Oh Traum!

0,71. Herz schlägt
00:18:36 → 2,29 USD / Std. → 6/9

Wenn ich alleine sitze, erinnere ich mich an diese schönen Momente
wir haben zusammen verbracht.
Ich vermisse die sanfte Berührung deiner Hand.
Ich vermisse die sanfte Berührung mit dir,
Noch nichts tun, es lieben
und ich warte bis wir uns wieder sehen.
Weil ich glaube, dass unsere Liebe für immer ist.
Und weder Zeit noch Entfernung
kann dich von mir wegnehmen!

Manchmal treffen wir jemanden
wer scheint sehr speziell.
Wer füllt unser ganz besonderes,
Wer erfüllt unser Wesen
fast überlaufen.
Dieser besondere Jemand lebt
in unserem Herzen.
Mit wem beginnen wir eine Reise
das dauert bis in alle Ewigkeit.

Dieser wertvollste Besitz
das kommt immer
zum Menschen in dieser Welt
ist das Herz einer Frau.

0,72. Liebe
00:10:20 → 4,18 USD / Std. → 7/9

Liebe ist ein glückliches Gefühl
das kommt aus unserem Kopf.
Unsere Liebe ist wie der Wind
stark und wachsend.
Unsere Liebe ist wie der Fluss
für immer fließend.
Unsere Liebe ist wie die Sonne
das scheint so hell.
Unsere Liebe ist wie der Mond
mit seinem sanften Licht.
Unsere Liebe ist selten ...
Unsere Liebe ist wahr ...
Eine Bindung, die gewachsen ist
zwischen mir und dir.
Ich kann nicht ohne dich leben.
Ich würde die Luft atmen,
aber ich würde die Lebensfreude nicht fühlen.

0,73. Dieser Tag
00:03:59 → $ 11 / Std. → 1/2

Der Tag, der Tag, der Tag.
Der Tag, an dem ich dich gesehen habe, ist der Tag, an dem ich
wiedergeboren bin.

Der Tag, an dem ich dich gesehen habe, ist der Tag, den ich
schätze.
Der Tag, an dem ich dich gesehen habe, ist der Tag, den ich
liebe.

Die Liebe und Fürsorge der Mutter ist das schöne Geschenk
dieser Welt.
Du bist so ein anderes seltenes und schönes Geschenk für mich.

Ich habe alle meine Gedanken und Worte an dich verloren.
Aber du hast dein Herz und deine Liebe zu mir verloren.

Ich hatte das Gefühl, diese Welt zu gewinnen, wenn dein Blick
auf mich fällt.

Warum sollte ich auf meine Liebe warten?
Komm schon, lass uns diese Welt mit unserer wunderbaren
Liebe gewinnen.

Warum sollte ich auf meine Liebe warten?
Komm schon, lass uns diese Welt mit unserer wunderbaren
Liebe gewinnen.

0,74. Die Vögel singen
00:05:18 → 8,38 USD / Std. → 2/3

Die Vögel singen so schön, wie der Tag weitergeht
Die Vögel singen so wunderbar, als die Nacht hereinbricht
Die Vögel singen so angenehm zur Sonne
Die Vögel singen so wunderbar
Die Vögel singen so bunt und herrlich
Die Vögel singen so schön zu den Bäumen
Die Vögel singen so schön, wie die Nacht hereinbricht
Die Vögel werden morgen singen, wenn das Tageslicht ruft.

0,75. Hoffen
00:06:08 → $ 7,34 / Std. → 1/2

Wenn alles gegen dich ist
Wenn alle deine Taten umsonst sind
Wenn dir das alles weh tut
Wenn das, was du fühlst, nur Schmerz ist.

Ein helles Licht, ein Tropfen Tau,
Eine starke Umarmung, ein neues Gefühl,
Es ist nichts als Hoffnung, die Ihnen hilft, damit umzugehen
Sie müssen jedes Mal etwas aufheben, wenn Sie fallen.

Wie ein Lichtstrahl durch einen dichten Wald
Zeigt Ihnen den Weg, um durch die Gefahr zu sehen
Ich versichere Ihnen, dass das, was Sie für unmöglich hielten
Würde sich sicherlich als dein Schicksal herausstellen.

FALTENBALG, SCHILF, HEBEL; EIN HALS, EINE NASENHÖHLE, EIN MUND AUS KAUTSCHUK

GEDICHTE 0,76–0,1

0,76. Arbeit

00:00:21 → 130,29 USD / Std. → 1/1

Schreiben ist so ein harter Job
Viel lieber Worte, die ich rauben würde
Diese Leute auf Turk
Sie werden die ganze Arbeit erledigen
Also mein Gehirn muss ich nicht stupsen.

0,77. Ein Limerick für Nick
00:07:18 → 6,33 USD / Std. → 1/1

Es gab einen Anforderer namens Nick,
wer bat mich um einen Limerick,
und als Belohnung
kam siebenundsiebzig Cent,
faire Bezahlung für einen Jungen aus Braunschweig!

0,78. Mein Mädchen
00:28:49 → 1,62 USD / Std. → 2/2

Oh Blitz, du bist am großen Himmel
Bist du aus dem Auge meines Mädchens gekommen?
Oh Regen, du bist so cool
Hast du die Worte meines Mädchens als Werkzeug benutzt?
Oh Musik, du hast einen schönen Ton
Hast du es vom Telefon meines Mädchens gestohlen?
Oh Federn, du hast weiche Haare
Hast du durch die Tränen meines Mädchens gemacht?
Oh Flammen, du scheinst Gefahr zu sein
Hast du durch die Wut meines Mädchens gemacht?
Die Natur hat ihre eigenen Mengen
Aber sie übertreffen nicht die Qualitäten meines Mädchens.

0,79. Strassenlicht
00:31:25 → 1,51 USD / Std. → 8/9

Meine Straße hatte ein schönes Licht
Neben diesem einsamen Weg
Es war nicht nur eine Straßenlaterne
Aber es war das Leben für viele
Es zeigte vielen den Weg
Es gab vielen Schatten
Es gab vielen Licht
Es gab vielen Freunde
Es hat Spaß gemacht für Fliegen,
Ein Segen für Tausende
Die Königin unserer Straße
Mit einem Lichtblick als Krone
Es war eine regnerische Nacht im Juni
Lass mich meine Erinnerungen bürsten
Mit Donnerschlägen
Und Blitze
Oh meine Brise, warum bist du so?
Ich weinte vor Angst.

0,80. Ode an das Leben
00:03:22 → 14,26 USD / Std. → 1/1

Ich pflanze einen neuen Samen
In der Hektik des Flusses
Von seinem Mund bis zu dem Ort, an dem es füttert
In den Ozean kommen herein
Dann herausziehen
Es schwankt ein einziges Schilfrohr -
Das bin ich im Wind
Wellen und weiße Wäsche
In allen vier Jahreszeiten
Es ist vor allem der Tanz
Es ist vor allem der Atem -
Hier kommt es tief rein
Zurück, dann raus
Jetzt schwingst du mit den Planeten,
Der Mond und die Sonne
Bevor du dich anmutig verbeugst
Wie alles eins wird.

0,81. Für meinen lieben Freund
01.02.44 → 0,77 USD / Std. → 1/1

Unsere Geschichte ist eine Geschichte von Tom und Jerry.
Freundschaft mit dem Aroma eines aromatisierten Curry.
Doch der Kampf geht weiter, ebenso wie das Rätsel.
Wer ist Tom und wer ist Jerry?

Ich habe es geliebt, jedes Spiel mit dir zu kämpfen.
Ich habe es geliebt, dir alles wegzunehmen.
Ich habe es geliebt, dein Feind genannt zu werden.
Ich wähle dich immer noch als den Besten unter so vielen

In diesen Momenten hat es Spaß gemacht,
In diesen Gefühlen waren Erinnerungen.
Aber mit dir und mir,
Freundschaft war immer im Schlachtfeld.

ich werde dich vermissen
Und ich weiß, dass du mich auch vermissen wirst.
Ich hoffe, Sie in Zukunft zu fangen und zu sagen
»Tom Schatz, dein Jerry ist wieder da«.

0,82. Hoffen
00:48:59 → $ 1 / Std. → 9/9

Wenn ich an die Hoffnung denke,
Der neblige Himmel fragt mich von dir,
Der feuchte Boden fragt mich nach dir,
Die Stille der Hügel erinnert mich an dich,
Meine Momente der Hoffnung beginnen bei dir.
Der Komfort des Lebens ist kein Spiel,
Zu den Erinnerungen an dich unter dem grünen Fleck;
Die Tage, die wir hatten, die Zeiten, die wir zusammen verbracht haben.
Die Schönheit der Natur trägt noch weiter bei
Zu dem endlosen Schmerz, der niemals nachlässt.
Wenn die Sonne untergeht und der Ton aufgeht
Ich hätte keinen Grund, es zu versuchen, keinen Grund zu sein.
Du bist mein Gebet, mein Schutz vor Hoffnungslosigkeit und Verzweiflung,
Mein Sonnenschein, mein Licht, meine faulen Tage, meine friedlichen Nächte,
Und nur du kannst das behalten
Funke in meiner Seele brennendes Licht.

0,83. Du
00:19:46 → $ 2,52 / Std. → 1/1

Der Himmel ist blau und die Ozeane auch.
So blau wie deine Augen ist das wahr.
Dein Haar ist golden wie die Sonne.
Dein Geist überwältigt mich und dann muss ich rennen.
Dein Herz ist schwarz.
Deine Kälte ist so genau.
Deine Seele ist so kalt.
Als Sie gemacht wurden, sollten sie die Form gebrochen haben.
Also geh weg von mir.
Nicht bei dir ist, wo ich sein will.
Also renn weg.
Nie wieder bei mir wirst du bleiben.

0,84. Ich vermisse deine Stimme
00:10:32 → 4,78 USD / Std. → 1/1

Ich vermisse die beruhigende Musik deiner Stimme,
Während der Regen die ersten Blüten der Frühlingsrosen nährt.
Ich staune über die Schönheit der vergangenen Jahreszeiten,
während ich meine beobachte
    süßes Kind wachsen,
Teilen Sie die Reisen des Lebens mit Ihnen an meiner Seite.
Doch während wir uns trennen, geht meine Liebe mit dir,
Du bist nur einen Atemzug entfernt und nimmst an all meinen
Freuden und Sorgen teil.
Das Lächeln deiner Seele strahlt so hell aus,
Wie ein Schutzengel, der alle Tage meines Lebens über mich
wacht.
Bis ich höre, dass du noch einmal meinen Namen rufst.

0,85. Unfruchtbar
00:07:34 → 6,74 USD / Std. → 1/1

Krieg ist ein Monster
Es macht das Leben stumpf
Krieg ist hässlich
Es macht uns dunkel.

Krieg ist ein Twister
Es macht das Leben auseinander
Krieg ist schlimm
Es macht Freude Stunt.

Die Freuden sind weg
Der Himmel wird schwarz
Die Menschen sind keine
Ihre Gedanken sind leer.

Es gibt keine Hoffnung
Es gibt kein Essen
Es gibt kein Zuhause
Hier ist unfruchtbar.

0,86. Schnee
00:06:43 → $ 7,68 / Std. → 2/2

Weiß, kalt und hübsch
Im kühlen, eiskalten Winter
Als visuelle Wohltat für meine Augen
Du kommst runter, Schnee.

Federleicht
So kalt wie Eis
So hübsch wie eine Blume
Du kommst runter, Schnee.

Der Winter ist nichts ohne dich
Dezember ist nichts ohne dich
Weihnachten ist nichts ohne dich
Lieber Schnee, du bist wunderbar.

Gott, es ist das Beste
Du hast jemals gemacht
Danke Gott
Für solch ein Wunder für die Welt.

0,87. Kostbares Du
00:01:36 → 32,63 USD / Std. → 1/1

Während der kalten, trostlosen Wintertage
Mein Körper sucht die warmen Sonnenstrahlen.
Gefüllt mit unruhigen, lästigen Juckreiz
Ich sehe meine vielen Reichtümer nicht.

Also suche ich, obwohl du in der Nähe bist
Voller Liebe, um meine Angst zu beruhigen.
Darf ich jede kostbare Minute annehmen?
Meine Welt ist komplett mit dir.

0,88. Gedicht für Donshae
00:01:15 → $ 42,24 / Std. → 1/1

Ein weiteres Blatt ist gefallen
Aus Gottes mächtigem Baum des Lebens.
Er konnte sich nicht länger dagegen wehren
Die glühenden Winde des Streits.
Er schimmerte akribisch
Bis Jesus sagte: »Bleib nicht länger.
Ich bin gekommen, um dir Frieden zu geben.
Für Sie habe ich viel auf Lager.

»Noch einmal eine Einheit
Du kehrst zu mir zurück
Zu schweben, zu fliegen, im Überfluss zu schweben
Für alle Ewigkeit. »

Und kurz bevor er die Erde traf
Sanfte Engelsflügel erschienen.
Den Schmerz lindern, den Schmerz lindern
Um alles zu zerstreuen, was er jemals befürchtet hatte.

»Also fürchte dich nicht, mein Kind
Und mache deinen Frieden mit Frau und Mann,
Denn deine Liebe ist jetzt ein Teil von mir
Und ich bin das ewige »ICH BIN«.

0,89. Das Gewicht von uns
01.02.24 → 0,86 USD / Std. → 1/1

Ich erinnere mich, wie ich darunter saß
Sterne hängen wie Kämpfer -
Schwere Gewichte herum

Mein Hals zieht
Ich in dich hinein, bis ich es bin
Tief in deinem

Ich sage dir was
Das ist wirklich alles über -
Zeit und Raum

Zwischen uns oder dem Mangel an
Territorium, das wir besitzen oder zurückerobern
Als wären wir gehemmte Körper

Von bewohnenden Geistern kontrolliert
Stark genug, um dich zu trinken
Unter der Veranda Schaukel darunter

Die Sterne hängen wie Kämpfer -
Sehr schwere Gewichte, die Sie haben
Um meinen Hals drapiert

0,90. Herbst
00:04:06 → $ 13,17 / Std. → 3/3

Wenn Sie verblasste Blumen sehen,
Und schauen Sie diese für Stunden,
Sie finden nichts für die Augen,
Es ist Herbst, der weint.

Wenn Sie eine Rose schnüffeln,
Es riecht erodieren,
Du wirst besessen,
Was besitzt die Natur?

Glaube nicht, dass du traurig bist,
Der Herbst macht dich verrückt,
Wenn Blumen blühen,
Du wirst niemals düster,

Wenn sie verblasst sind,
Gedanken sind schattiert,
Duft ist weg,
Und der Herbst ist da.

Im Herbst zwitschern Vögel,
Gedanken lauern,
Herzen bluten,
Die Köpfe flehen.
Die Natur ändert ihre Meinung
Und wir finden Rost.

0,91. (Ohne Titel)
00:11:00 → 4,96 USD / Std. → 1/1

Ich wurde als Narr in einer Welt geboren, die ich nicht kannte
Der Sturm der Zeit raste an mir vorbei.
Meine Hände bedeckten meine Augen
Und ich drängte mich zusammen.

Du bist leise im Dunkeln zu mir gekommen
Mit vertrauensvollen Augen.
Ich wusste dann musste ich mich erheben
Den Rost von meinen Beinen schütteln und laufen.

Du bist wie ein Entlein gefolgt
Da fanden wir beide die Anhöhe.
Mein Leben mit Absicht
Ein Dummkopf nicht mehr.

0,92. Heim und Familie
00:14:47 → $ 3,73 / Std. → 1/1

Es ist warm hier,
Aber nicht zu heiß.
Soweit alles andere als bequem,
Zu weit davon entfernt, nicht.

Ich sehe Teile meines Herzens
Auf dem Boden, Couch und Stuhl.
Einige sitzen, andere liegen,
Einige spielen dort drüben.

Ich fühle mich gewollt, gebraucht,
Sogar geschätzt.
Geliebt, geehrt
Und froh, dass ich es geschafft habe.

Segen von GOTT,
Dinge, für die ich gebetet habe.
Jetzt kenne ich das Haus
Meine Familie war gemacht für.

0,93. (Ohne Titel)
00:38:12 → 1,46 USD / Std. → 1/1

Regen und Feuchtigkeit fallen ab
Schauer des späten Winters geflogen
In Momenten in diesem Raum gestohlen
Kostbare Zeit jetzt ganz unsere eigene.

Kälte, die in meinen seltsam gebogenen Händen verweilt
Arthritis oder andere Krankheiten
Sie werden warten müssen, diese chronischen Schmerzen
Für diese Zeit werden wir nicht töten.

Die Sonne des Sommers passt nicht zusammen
Das Lächeln, das deine Augen füllt -
Jedes kostbare Mal lachen und singen wir
Tanken Sie unsere private, warme Überraschung.

Aber unsere Zeit ist kurz
Und ein Krampf unterbricht vorerst
Ich spanne mich an, als meine Augen zusammenzucken
Lösen Sie dann kurz eine gefurchte Stirn.

Wie Sonnenlicht, das schnell filtert
Das Leuchten und die Dunkelheit flackerten beide
Das Schicksal lächelt uns jetzt an
Aber bald spüre ich, dass es kichert.

Ein weiterer Tag, an dem uns kalt ist

Und einsam an diesem Tag
Wir müssen uns jetzt an diese Zeit erinnern
Und mach diese kalte Verzögerung.

Sie werden diese Kälte wegschieben
Finde wieder lange verlorene Sonne
Denn ich werde eine Erinnerung sein
Und Sie können so tun, als ob Sie spielen würden.

Mein süßer Enkel mit lachenden Augen
Sie sehen die Welt so neu
Ich weine ein wenig an diesem besonderen Tag
Und danke für diese wenigen.

Dank der Sonne, deiner Unschuld
Wie sich die Wärme noch anfühlt
Wir verbringen dieses Leuchten und vergessen es vorerst
Welche Zeit wird eines Tages stehlen.

0,94. Ein Wort für einen gebrochenen Mund
08:15:57 → $ 0,11 / Std. → 1/1

Die Art wie du mich ansiehst,
Meine geliebte,
Ich frage mich, ob deine Augen es sind
Hier mit mir
Oder vielleicht sind sie einfach
Die Fenster von mir
Blutendes Schicksal.

Ja,
Sag, dass du mich liebst,
Sag, dass du mein Frühling sein willst,
Mein Winter oder mein Herbst,
Aber sei niemals mein Sommer.
Der Sommer hat mir einmal die Augen verbrannt
Als ich dich ansah.

Ich kann nicht mehr sprechen -
Deine Traurigkeit hat meine Stimme gestohlen -
Und mein Mund tut weh
Aus den unausgesprochenen Worten.

Sag es für mich.
Sag, dass du mich liebst.
Jetzt.

0,95. Leben
00:05:25 → 10,52 USD / Std. → 1/1

Während ich durch den Weg des Lebens gehe
Ich fand Dunkelheit und Helligkeit beiseite
Ich fühlte sowohl Tränen als auch Freude tief in mir
Und ich habe versucht, sie in meinem Kopf zu verlieren.

Aber als ich ging, fand ich diese Schatten
Schatten, die schwer zu bekämpfen sind
Schatten, die mein alles belasten
Schatten, die mich eng machen.

Und beim Gehen fand ich viele inspirierende Dinge
Dinge, die einen Platz in meinem Herzen haben
Dinge, die ich so sehr schätze
Aber sie verlassen mich, wenn ich sie brauche.

Dann werde ich einsam und still an meinem dunklen Ort
Also schloss ich die Augen und dachte: »Was waren meine Feh-
ler?«
Aber als ich meine Augen öffnete, fand ich mich lügen
Auf dem Bett des Scheiterns.

Dadurch akzeptiere ich, dass Dinge akzeptiert werden sollen
Fehler sollten überprüft werden
Und das Leben sollte gerettet werden.

0,96. Wahnsinn

00:02:57 → $ 19,53 / Std. → 1/1

Ich habe meinen Kopf verloren
Es fiel mir von den Schultern

Ich berührte meinen Arm
Und ich habe meine Murmeln verloren

Ich habe deine Tasse gehalten
In meiner Hand
Es war voller Tee
Und ich bin reingefallen

In dieses Wunder
In diesen Schnee

Es fühlt sich an wie
Es ist mir egal
Worüber
Ich dachte, Sie sagten

Weil ich bin
In meiner eigenen Welt
Mit meinem Mädchen
Und es ist alles meins

ich wundere mich warum
ich fühle mich so schlecht

Und ich kann mich nicht ändern
Mein Leben

Es spielt keine Rolle, wann
Weil ich dann da sein werde
Ich halte deine Hand
An der Ecke des Blocks.

0,97. Fallende Blätter
00:03:56 → 14,80 USD / Std. → 1/1

Fallende Blätter
Auf den Waldboden treiben
Einige weniger als ganz, andere mehr.
Zumindest werden sie geschätzt
Für den Fortbestand des Lebens;
Wäre es nicht schön?
Wenn wir es auch wären?

0,98. Unser Stern
00:45:01 → $ 1,31 / Std. → 1/1

In dem Teil des Herzens, wo magst du da sein, mein Gefühl mit
dir und Seite durch
      schüchternes Drücken
Deine Berührung trage ich im Blumenbeet
Da lieben Sie und ich die Dusche
Oh mein Herz, du hörst nie zu
Versuche unter dem Crowdies-Baum zu sein
Den Geruch spüre ich dich nah und nah
Nirgendwo in den Augen dann also du wo
Schließe deine Augen und öffne das Herz
Es kann sein, dass du in einem Teil des Herzens bist
Lippen habe ich immer im Schatten der Liebe
Dort mit dir in der Wolke verbeugst du dich
Einer nach dem anderen dieser endlose Kuss
Niemals Tag und Nacht zu Ende sein.

0,99. Die Wolke spricht
00:00:08 → $ 445,50 / Std. → 3/3

Die Wolke spricht zum blauen Himmel, wenn es traurig ist,
Die Dunkelheit seines Zorns zeigt sich, wenn er wütend ist.
Die Wolke spricht zur Brise, während sie weggetragen wird,
Das Fließen seiner Vliese wurde grau.

Die Wolke spricht nachts zum Sternenhimmel,
Die Dunkelheit seines Zorns wurde still, wenn er außer Sicht-
weite war.
Die Wolke spricht zu den Sternen und zum Mond,
Die flüchtige Bewegung ist in der Dunkelheit nicht zu sehen.

Die Wolke spricht, aber niemand hört oder hört zu.
Die Stille des weißen Stratus verstummte am Himmel.
Die Wolke spricht zum Wind, aber niemand antwortet,
Die geblasene Wolke nimmt die Form eines Salamanders an.

Die Wolke spricht und bewegt sich auf ihrem Weg,
Der Tag des Morgens kommt, als die Vliese schwanken.
Die Wolke spricht und verschwindet dann in Vergessenheit ge-
raten,
Dann erscheint wieder lautlos fließend und dann verschwun-
den.

1.0. Unser Stern
00:07:31 → \$ 7,98 / Std. → 1/1

Der reichste der Welt würde sagen
Wer hat die Goldregeln
Dennoch wissen sie nicht, dass ihre Herzen grau sind
Und verwenden Sie die Mehrheit als Werkzeug.

Nun, ich sage, Reichtum ist ein Geisteszustand
Und sie werden es nie verstehen
Warum werden sie nie finden können
Das Licht oder Glück in ihren Händen.

Denn du kannst keine Liebe kaufen
Und diejenigen, die suchen, werden für immer fallen.
Denn wenn es darauf ankommt
Sie werden niemals alles besitzen.

Titel des Aufsatzes in einfacher Form

Dieses Buch beginnt mit einem Bild. Wir wissen, dass es ein falsches Bild ist, und das ist das Problem.

Dies ist nicht das späte neunzehnte Jahrhundert. Wir sind über den Punkt der Freude und Unterweisung hinaus. Wir sind nicht mehr in der Lage, uns von der Leistung der neuesten Technologien überraschen zu lassen und sie dann anhand der Beschreibung ihrer Funktionsweise zu erläutern.

Wir sind auch über den Punkt der Kritik hinaus. In einer Zeit glaubensbasierter Präsidentschaften und fundamentalistischer Theokratien tritt die Vernunft in den Hintergrund der Religiosität und der Bauchgefühle. Nur den Punkt aufzudecken, an dem es Fehler in unserem Denken gab, löst nichts.

Wir wissen, dass das Problem behoben ist. Wir wissen, dass die angebotene Erklärung nicht die eigentliche Erklärung ist. Und doch hängen wir rum dafür.

Im Eröffnungsbild dieses Buches sehen wir von hinten das angebliche Innenleben des Mechanical Turk, eines berüchtigten »Automaten«, den Wolfgang von Kempelen im späten 18. Jahrhundert gebaut hat. Dieser Kupferstich wurde erstmals 1783 in einem Strom von Büchern, Broschüren und Artikeln veröffentlicht, die behaupteten, herausgefunden zu haben, wie von Kempelens Maschine funktioniert.[1] Wir wissen bereits, dass die Enthüllungen, die dieses Bild zu präsentieren behauptet, eine Täuschung sind. Wir wissen bereits, dass hinter diesen Türen und Fächern nicht die verschiedenen Komponenten eines tatsächlichen Uhrwerksmechanismus liegen, der in der Lage ist, ein Match-Winning-Schachspiel zu spielen, sondern das, was Designer von Filmkulissen als »Gak« bezeichnen – aufwändige mechanische Süßwaren, die an der Oberfläche einer Requisite, um uns das Gefühl zu geben, dass etwas Wunderbares und Technisches in ihr geschieht – etwas, das in diesem Fall durch die Puppe, die wie ein östlicher Mystiker gekleidet ist und dem Publikum gegenübersteht, undurchsichtiger geworden ist. Wir sind begeistert davon, wie beeindruckend das alles aussieht, obwohl wir bereits wissen, dass sich in den engen und stickigen Grenzen der Box mindestens ein kleiner, verschwitzter, schlecht bezahlter Mensch befindet.

Dies macht uns Sorgen, da wir auch wissen, dass die Entscheidung von Amazon.com, dieses Symbol zur Beschreibung des internetbasierten Crowdsourcing-Arbeitskräftepools Amazon Mechanical Turk (AMT) mit niedrigen Mieten zu verwenden, durchaus angemessen und absolut ehrlich ist.

Die Türkei hat seit 1961 ein Arbeitsmigrationsabkommen mit Deutschland geschlossen. Seit Jahrzehnten ziehen türkische Familien um, um die Arbeit zu erledigen, die die Deutschen lieber nicht tun würden. Ein Muster, das sich innerhalb und außerhalb der internationalen Gesetzgebung auf der ganzen Welt wiederholt.

(Die erste Frau meines Bruders war Deutsche. Die Tradition in Deutschland besagt, dass am Abend vor einer Hochzeit eine große Party stattfindet. Die Gäste bringen altes Geschirr, Geschirr und alles andere mit, was durch Werfen auf den Boden in Stücke zerbrochen werden kann Braut und Bräutigam räumen gemeinsam das Chaos auf, um ihre Hoffnung zu symbolisieren, dass in Zukunft nichts Wesentliches für ihre Beziehung gebrochen wird, und dass sie sich dazu verpflichten, zusammenzuarbeiten, um eventuell auftretende Unordnung zu beseitigen Da der Humor so ist, wie er ist, tauchten die Freunde der Verlobten meines Bruders mit einer Ladung alter Toiletten, Bidets und Waschbecken auf und zerschmetterten sie in große, schwere Stücke. Sein baldiger Schwiegervater winkte ab. »Macht nichts«, sagte er. »Meine Türken werden sich darum kümmern.« Im Nachhinein hätten mein Bruder und seine Ex-Frau es vielleicht selbst aufräumen sollen.)

Wir haben den wachsenden Verdacht, dass es den Türken von Amazon möglicherweise nicht viel besser geht. Die Forscher haben einige sehr detaillierte Studien darüber durchgeführt, wer genau für AMT arbeitet, und wir haben sie mit Besorgnis gelesen.

Aus dem Datensatz von Panos Ipeirotis wissen wir, dass 54% der Menschen, die für AMT (»Türken«) arbeiten, zwischen 21 und 35 Jahre alt sind. Wir wissen, dass 70% von ihnen Frauen sind. Wir wissen, dass 65% von ihnen ein Haushaltseinkommen von weniger als 60.000 USD pro Jahr haben und dass 55% von ihnen keine Kinder haben. Wir wissen, dass 46,80% von ihnen aus den Vereinigten Staaten stammen, weitere 34% aus Indien und die restlichen 19,20% von überall her.[2]

Wir haben auch Aufsätze gelesen, in denen erklärt wird, dass der Türke tatsächlich eine elegante Metapher für den prekären Zustand des Arbeiters in einem globalisierten und vernetzten Milieu ist.[3] Und wir haben eine beträchtliche Menge Kunst geschaffen, die Amazon Mechanical Turk tatsächlich als produktiv nutzt Medium, um den gleichen Punkt zu demonstrieren, aber auf eine Art und Weise, die, wie Sie wissen, künstlerischer ist.

Der Punkt ist nicht, dass der Mechanismus leer ist, wie eine Art neutraler Reproduzent. Der Punkt ist, dass es sich um einen Mechanismus handelt, der bereits einen Punkt für Sie enthält – wie das Gesetz in Franz Kafkas Roman *The Trial* -, ob dieser Punkt als Spieler davor, als Bediener dahinter, als Zuschauer dahinter steht zeigte seine irreführenden Komponenten, von weitem als der Kritiker, der sie aufgrund Ihrer Kritik beschreibt und entmystifiziert, oder zunehmend als der Künstler oder Schriftsteller (falsch), der sie in Ihrem Projekt verwendet.[4] In dem Moment, in dem Sie das Setup als problematisch für die Maschine einsetzen springt in Aktion.

Die Geschichte der Menschen, die AMT verwenden, um Kunst zu machen, ist fast so alt wie die Geschichte der Plattform.

Gregory Laynor, Stephen McLaughlin, Kaegan Sparks und Vladimir Zykov veröffentlichten 2008 auf ihrem FOR GODOT-Blog eine Reihe von AMT-Stücken unter dem Titel *I WAS TOLD TO WRITE 50 WORDS*. Dies war genau die Workshop-Übung, die sie von ihrem Professor festgelegt hatten, Kenneth Goldsmith.[5]

Im selben Jahr führte Blogger-Benutzerin Ann ein exquisites Experiment im Leichenstil zu AMT durch, bei dem eine erste Zeile ausgewählt wurde, mehrere AMT-Mitarbeiter die nächsten

Zeilen einreichten und einen Gewinner auswählten. Anschließend wurde diese Zeile erneut eingereicht, bis das Gedicht fertig war. Ein Beispiel erscheint immer noch im Crowd Poet Blog.[6]

Im Jahr 2010 produzierte Markus Strohmaier *im täglichen Leben eines mechanischen Türken ein Gedicht*, das um den Akrostichon »unendlicher Affe« herum aufgebaut und in einer Reihe reimender Couplets angeordnet war. Die einzelnen Zeilen, die diesen Rahmen füllten, wurden von AMT-Mitarbeitern zusammengestellt.[7]

Ebenfalls im Jahr 2010 erschien auf der benutzergenerierten Q&A-Plattform Quora die Frage »Was sind die kreativsten Verwendungszwecke von Amazon Mechanical Turk?«, Und es werden noch Antworten hinzugefügt. Nat Friedman antwortete:

> Ich hatte Turkers E-Mail-Gedichte an einen Freund von mir, der vor einem Dilemma stand. Für 0,50 Dollar bekommt man ein ziemlich gutes Gedicht, und für 1,00 Dollar geben sie sich wirklich Mühe. Stellen Sie sicher, dass das Zeitlimit für den HIT hoch genug ist, damit sie Zeit haben, etwas Gutes zu komponieren.

Ben Packer hat diese Antwort auf dieselbe Frage beigesteuert:

> Ich ließ MTurkers Liebesbriefe an meine Frau schreiben.

> Ich habe genug Details angegeben, damit sie etwas Bestimmtes und Persönliches schreiben können (aber nicht genug, damit sie uns finden und verfolgen können – hoffentlich). Ich habe 25 Cent mit einem Bonus von bis zu 50 Cent für großartige bezahlt. Als ich sie

bekam, habe ich sie kopiert und in E-Mails an meine Frau eingefügt. Sie war sehr verwirrt, besonders von dem, der mit »Frank« signiert war. Ich sagte ihr, es sei ein Tippfehler.[8]

Ein Jahr später schrieb Suzi Grossman mehrere AMT-Gedichte. Die erste, *Scary Cat*, begann mit einem Gedicht von Alfred Tennyson, aus dem sie dann Text herausschnitt und die Arbeiter die Lücken im Madlib-Stil ausfüllen ließ. Die zweite, ein Klangstück, bestand aus einzelnen Zeilen über den Spätherbst, die von gelesen wurden AMT-Arbeiter, dann zusammengenäht.[9]

Das für 2.000 gebaute Fahrrad von Aaron Koblin und Daniel Masse verwendet AMT in größerem Maßstab. In diesem Projekt hörten sich die Arbeiter einen kurzen Soundclip an und nahmen dann auf, was sie hörten. 2.088 solcher Aufnahmen wurden miteinander synchronisiert, um eine Chorversion von »Daisy Bell« (1892) zu produzieren, dem Lied, mit dem das erste Beispiel für die musikalische Sprachsynthese geschaffen wurde.[10]

In Strip Generator, einem Social-Media-Comic-Produktionsportal, beschreibt der *Digital Writing Month*-Streifen von dogtrax, wie eine schwierige Klassenaufgabe zum Schreiben eines digitalen Gedichts abgeschlossen wird, indem alles an AMT ausgelagert wird… und dann in Bitcoin bezahlt wird.[11]

Fred Benensons von Kickstarter finanzierter *Emoji Dick* reichte jeden der über 10.000 Sätze in Herman Melvilles *Moby-Dick* dreimal bei einem AMT-Mitarbeiter zur Übersetzung in japanische Emoticons (Emoji) ein. Eine andere Gruppe von Arbeitern stimmte über diese Ergebnisse ab und wählte die beliebtesten Sätze für das endgültige Buch aus. Mehr als 800 Personen haben ungefähr 44 Tage an diesem Projekt gearbeitet und dabei 0,05 USD pro Übersetzung und 0,02 USD pro Stimme pro Übersetzung verdient.[12]

Ich bin sicher, ich habe eine Reihe anderer, ähnlicher Projekte auf dem Weg verpasst. Was auch immer. Die Rezeption kann mit dieser Art der Produktion nicht Schritt halten, und die daraus resultierende Überflutung beeinträchtigt unsere Fähigkeit zur Unterscheidung. Alles, was bleibt, ist die Rücksichtslosigkeit des Suchalgorithmus im Unternehmen und sein numerisch definierter Sinn für das, was Ihre Suche hervorbringen sollte, der Ihnen präsentiert wird, als wäre er vollkommen transparent und logisch oder die poetische Stimme einer korrelativen Intelligenz.

Was diese Geschichte bedeutet, ist, dass wir *Of the Subcontract* nicht nur als Kritik der Poesie (lyrisch, konzeptuell oder auf andere Weise) lesen müssen. Wir können dieses Buch auch nicht nur als Kritik an der Wirtschaftlichkeit des Amazonas-Mechanik-Türken lesen. *Of the Subcontract* muss als Kritik an Künstlern und Dichtern gelesen werden, die vernetztes digitales Outsourcing als Produktionsmethode einsetzen. Wenn dies institutionelle Kritik ist, ist der Punkt, dass Kunst jetzt innerhalb der Institution ziemlich bequem ist. Es gibt keinen neutralen Platz zum Stehen.

Slavoj Žižek paraphrasiert die Arbeit von Peter Sloterdijk und fasst die zeitgenössische Ideologie mit folgendem Aphorismus zusammen: »Sie wissen sehr gut, was sie tun, aber sie tun es dennoch.«[13] Die künstlerische Geste, AMT zum Schreiben von Gedichten zu verwenden, ist vollständig ironisiert. Gleichzeitig will sie behaupten, dass der einst gepriesene kulturelle Wert der Arbeit der Dichter so nahe an nichts liegt, dass er nicht mehr davon zu unterscheiden ist, und dass die Arbeit prekärer Arbeiter in einem vernetzten digitalen Milieu, das heißt Eine Vergütung, die weit unter dem Mindestlohn liegt, ohne Leistungen oder die Tarifverhandlungsmacht der Gewerkschaftsbildung, ist dennoch würdig. Aber wir können uns nicht einmal mehr die Mühe machen, uns über den Stillstand zu quälen.

Der Akt der Verwendung von AMT zur Herstellung von Kunst hat sich bereits in der populären Vorstellung auf der Ebene einer Kompositionsübung im Klassenzimmer niedergelassen. Wir versuchen es einmal, bloggen darüber, finanzieren das Produkt unserer Orchestrierungen möglicherweise über Crowdfunding, um es aufwändiger zu verpacken und der Vielzahl unserer Produktion eine weitere Iterationsebene hinzuzufügen. Dann gehen wir weiter. Die Spuren unserer Bemühungen sitzen an verschiedenen Ecken des Netzes, werden wiederholt und wiederholt

Echo von ihrem echten Publikum: Spinnen und Roboter, die wie wir lesen, ohne sich darum zu kümmern.

Obwohl Amazon Mechanical Turk Marktführer sein mag, ist es keineswegs ein einzigartiges Geschäft. Online-Portale, die Arbeitgeber und Arbeitnehmer verbinden und dafür eine Gebühr erheben, ermöglichen eine neue Art der freiberuflichen Produktion, die im doppelten Sinne datenbasiert ist. Nehmen Sie zum Beispiel das Vorwort von McKenzie Wark am Anfang dieses Buches, das über Freelancer.com für 75 US-Dollar an einen Ghostwriter in Lahore, Pakistan, vergeben wurde.

Of the Subcontract kümmert sich überhaupt nicht um Originalität. Wir könnten es als einen Versuch betrachten, die Geste der Verwendung von AMT zum Schreiben eines Gedichtbandes zu erschöpfen, indem wir dessen vollständigste Verwirklichung hervorbringen, in der Hoffnung, dass wir irgendwie in der Lage sind, den Punkt des Stillstands zu überwinden. In dieser Hinsicht würde die Botschaft dieses Buches den Titel – und die Sinnlosigkeit – von Derek Beaulieus jüngster Sammlung *Please, No More Poetry* (Waterloo: Wilfrid Laurier University Press, 2013) widerspiegeln. Denn selbst wenn die Botschaft darin besteht, anzuhalten und etwas anderes zu tun, wurde ein weiterer Gedichtband produziert, der dem langen, langen Regal ungelesener Titel hinzugefügt werden kann.[14] Wir können darüber höflich sein, aber wir können nicht unsere eigene Bitte würdigen, indem wir uns weigern, selbst teilzunehmen.

Dieses Buch ist keine Lösung, sondern ein Symptom, ein Lackmustest für größere soziale Veränderungen, sowohl grundlegende als auch ätzende. Wir verwenden Daten, um diese Änderungen für uns selbst darzustellen. Die Bedeutungen, die wir aus diesen Daten abstrahieren und extrahieren, erzwingen und beschleunigen diese Änderungen. Data ist der große Leveler, der sowohl die privilegiertesten als auch die am wenigsten privilegierten Schreibweisen als Aufgaben der menschlichen Intelligenz neu konfiguriert. Dichter und Professoren können auf diese Veränderung hinweisen, konnten sich aber bisher nicht darüber hinausbewegen. Wie wir zu erkennen beginnen, können auch unsere Aufgaben ausgelagert werden.

In vielerlei Hinsicht impliziert uns *Of the Subcontract*. Es enthält nur synthetisierte Stimmen aus einer beispiellosen Zukunft, die an ihrer eigenen Ausbeutung beteiligt sind und eine Form des Schreibens aufbringen, die brutal präsent ist.

DARREN WERSHLER → MONTREAL, 2013

151

1 Karl Gottlieb von Windisch, *Briefe über den Schachspieler des Hrn. von Kempelen nebst drey Kupferstichen die diese bestimmte Maschine vorstellen* (Pressberg, 1783).

2 Panos Ipeirotis, »Demographics of Mechanical Turk« (Arbeitspapier des NYU-Zentrums für digitale Wirtschaftsforschung CeDER – 10–01, 2010): http://www.ipeirotis.com/research/publications/demographics-of-mechanical-turk.

3 Siehe insbesondere Ayhan Aytes, »Rückkehr der Massen: Neoliberale Ausnahmezustände«, *Digital Labour: Das Internet als Spielplatz und Fabrik*, hrsg. Trebor Sholz (New York: Routledge, 2013): S. 79–97.

4 Franz Kafka (1925), *Der Prozess*, trans. Willa & Edwin Muir (London: Martin Secker & Warburg Ltd., 1983).

5 Gregory Laynor, Stephen McLaughlin, Kaegan Sparks, Vladimir Zykov, *Ihm wurde gesagt, ich solle 50 Wörter*, FÜR GOTT schreiben (26. April 2008): http://forgodotarchive.blogspot.ca/2008/04/i-was-told-to -write-fünfzig-words.html.

6 Ann, »The Mechanical Turk Poetry Project«, Crowd Poet Blog (23. August 2008): http://crowdpoet.blogspot.ca/2008/08/mechanical-turk-poetry-project.html.

7 Markus Strohmaier, »Programmieren von Gedichten mit mechanischem Türken«, Intentialicious: Markus Strohmaiers Weblog (29. Dezember 2010): http://mstrohm.wordpress.com/2010/12/29/programming-poems-with-mechanical-turk/.

8 »Was sind die kreativsten Anwendungen von Amazon Mechanical Turk?«, Quora: http://www.quora.com/Amazon-Mechanical-Turk/Was-ist-das-kreativste-Verwendungen-von-Amazon-Mechanisch-Türke. Antwort von Nat Friedman: 27. Oktober 2010; Antwort von Ben Packer: 27. Juni 2012.

9 Suzi Grossman, »Mechanical Turk Idea« (4. November 2011): http://suzigrossman.dreamhosters.com/blog/?p=107.

10 Aaron Koblin, Daniel Masse, *Fahrrad für 2.000 gebaut*: http://www.bicyclebuiltfortwothousand.com/.

11 dogtrax, *Monat des digitalen Schreibens*, Streifengenerator (3. November 2012): http://stripgenerator.com/strip/692976/digital-writing-month-the-mechanical-turk-poet/.

12 Fred Benenson, *Emoji Dick* (Eigenverlag, 2013): http://www.emojidick.com/

13 Slavoj Žižek (1989), *Das erhabene Objekt der Ideologie* (London/New York: Verso, 2008): S. 25.

14 Derek Beaulieu, *bitte keine Poesie mehr: Die Poesie von Derek Beaulieu*, hrsg. Kit Dobson (Waterloo: Wilfrid Laurier University Press, 2013).

ÜBER DIE MITWIRKENDEN

Die Schriften von Nick Thurston (* 1982) wurden ins Spanische, Italienische, Französische und Deutsche übersetzt, und seine Kunstwerke befinden sich international in öffentlichen und privaten Sammlungen. Er hat in ganz Europa und Nordamerika ausgestellt und kritisch über Kunst und Poetik geschrieben. Von 2006 bis 2018 war er Redaktionsmitglied des Kollektivs Information as Material, mit dem er literarische Formen der DIY-Praxis erforscht. 2012 nahm er eine akademische Stelle an der University of Leeds in England an.

McKenzie Wark (* 1961) ist Autorin zahlreicher Artikel und Bücher über Kulturgeschichte und Theorie kritischer und neuer Medien, darunter *A Hacker Manifesto* (2004), *The Beach Beneath the Street* (2011), *Molekulares Rot* (2015) und *Capital Is Dead: Is This Something Worse?* (2019). Als Wissenschaftlerin und Aktivistin hat sie neue Werkzeuge und technische Plattformen für die Erforschung und den Austausch von Forschung entwickelt. Derzeit ist sie Professorin für Medien- und Kulturwissenschaften an der New School in New York, USA.

Darren Wershler (* 1966) ist ein Sachbuchautor, Kulturkritiker und sich erholender Dichter. Er hat viel über die gemeinsamen Anliegen der Literaturtheorie und Kulturpolitik geschrieben, und seine Bücher enthalten *FREE as in Speech and Beer* (2002), *The Iron Whim* (2005) und *Guy Maddin's My Winnipeg* (2010). Er ist Co-Autor des renommierten Poesieprogramms *Apostrophe Engine* (mit Bill Kennedy) und hat den Forschungslehrstuhl für Medien und zeitgenössische Literatur der Concordia-Universität in Montreal, Kanada, inne.

information as material wurde 2002 gegründet, um Werke von Künstlern zu veröffentlichen, die vorhandenes Material verwenden – es auswählen und neu gestalten – und dabei die bestehende Ordnung der Dinge stören.

oxoa ist ein Textkollektiv für digitale konzeptuelle Literatur, bestehend aus Gregor Weichbrodt und Hannes Bajohr, das im Frohmann Verlag die Reihe Frohmann/oxoa herausgibt.

Der Frohmann Verlag wurde im Jahr 2012 gegründet und ist ein Einpersonenunternehmen mit vielen hundert Mitwirkenden. Er trägt den Familiennamen der Verlegerin, um ein Zeichen zu setzen gegen eine Startup-Verlagskultur mit Exitstrategie. Die Arbeit geschieht investorenfrei, Frohmann ist indie. Im Frohmann Verlag werden neue kulturelle Formen in den Blick genommen, darunter genuin digitale Literatur und kollaboratives Schreiben im Netz. Die Grenzen zwischen Schreiben, Lesen und Publizieren fließen bei Frohmann stärker, als man es von klassischen Verlagen her kennt – hierin orientiert man sich am Netz.

Dies ist ein Titel der Reihe Frohmann/oxoa.
www.frohmannverlag.com · www.oxoa.li

ISBN: 978-3-947047-52-9

Die Deutsche Nationalbibliothek verzeichnet diese Publikation in der Deutschen Nationalbibliografie; detaillierte bibliografische Daten sind im Internet über http://dnb.d-nb.de abrufbar.

Erstmals veröffentlicht durch Information as Material, 2013
www.informationasmaterial.org → York, UK.
Die Übersetzung wurde von Nick Thurston unter Verwendung von Google Translate vorgenommen.

Kupferstiche vorn und am Ende von Karl Gottlieb von Windisch, *Briefe über den Schachspieler des Hrn. von Kempelen nebst drey Kupferstichen die diese besondere Maschine vorstellen* (Pressberg, 1783).

Tab. I.